붉은 립스틱

홍순미 시집

月刊文學 출판부

『붉은 립스틱』을 내며

인생 겨울비가 그치고 초여름, 자전적 소설 「바람난 부처」를 포함, 일곱 번째 시집 『붉은 립스틱』을 내놓으며 나는 지금 설렘보단 약간의 조심스러움에 있다.

『붉은 립스틱』이 세속에서 볕을 쬐게 되면 이제라도 세상적인 모든 것들이 고요해졌으면 좋겠다. 볕 들었으니 비는 그칠 거라 믿는다.

지옥의 시작이고 악의 씨앗인 탐욕을 본 듯 아니 보고 듣고도 침묵으로 있자니 눈병이 났고 귀가 아팠다. 목젖은 꾹꾹 찔러 오고.

이즈음 거두절미하고 딱 물〔水〕처럼 살고 싶다. 다 말하자니 입도 아프고 귀찮다. 왜 나는 그 동안 혼자 반듯한 척 세상을 바꾸려 안달했었을까?

곧고 반듯한 건 재미없는 일이다. 가끔은 굽은 게 아름다울 수도 있다. 봄날 잔바람에 흔들리는 제비꽃 꽃잎 수줍음같이 아름다운 건 이 세상에 없었다. 그런 순수 지켜가고 싶다.

그간의 모든 이들에게 감사한 마음을 전합니다.

2015년 11월 중순

표절 같은 인간의 생각,
그것도 문학의 일부가 돼버렸다

사람의 생각은 같다. 누군가 먼저 깨닫고 썼을 뿐,

나는 오늘 이 주제를 놓고 이야기 하고 싶다.

젊은 작가가 늙어가면서 깨닫는 게 원로시인들과 같은 시선의 안목일 때가 더러 있던데 이게 표절 아닌 표절이 될 수 있는 상황이 너무 무섭다.

고은의 시 중에서 '올라 갈 때 못 본 거 내려가면서 봤다'는 그 한 줄 시가 그랬다.

2007년 미국에서 귀국하고 2008년 무렵이었던가? 나는 유럽여행을 떠났고 스위스 융프라우로 가는 산악열차에서 올라갈 때 못 본 걸 내려가면서 보게 됐다.

그 깨달음을 한 줄 시로 바로 옮긴 적이 있는데 한참 뒤.

한참 뒤가 뭔가 족히 수삼 년이 지난 어느 날 우연히 고은 시인의 그 시를 발견하게 된 거였다.

순간 깨닫게 된 건 그 유명한 고은 시인과 같은 깨달음이었던 게 반가웠다. 그것도 잠시 "고은도 별거 아니구나!" 하는 순간 아차, 이게 뭐지 싶었던 건 바로 그 찰라 요즘 논쟁거리 '표절'이란 단어였다. 이미 오래 전 나는 그 한 줄 시를 출판해버렸는데 말이다.

그와 똑같은 일을 최근 또 만나게 돼서 이글을 쓴다.

일곱 번째 시집 『붉은 립스틱』의 출판을 목전에 두고 나는 평론가에게 평론을 부탁했고, 얼마 후 한 줄 평론이 이메일로 들어왔다. 그걸 읽다가 또 깜짝 놀랐다.

2002년 월드컵 때의 일인 모양이다. 우리나라가 처음 16강에 오르고 히딩크는 인터뷰에서 "배고프다"고,

축구를 좋아할리 만무했던 나는 히딩크의 인터뷰까지를 챙겨 들을 만큼 관심이 깊지 않았다. 그래서도 당연히 나는 그 한 마디 알 수도 없었지만 들었대도 기억조차 할 때가 아녔다. 관심 밖의 일이었기 때문이다.

그랬으니 그 한 마디 내 안에 있을 턱이 없었다. 월드컵, 그 이듬해 나는 시인으로의 등단을 했고 파란만장했던 삶은 한참 용암 끓듯 환장할 때다. 광기 같은 예술에너지로 詩 한 수 척척 휘갈겨 써 제낄 무렵이었는데 그것으로 다 배설하지 못함이 안타까워 마구마구 누드 그림까지를 갈겨댈 때였다.

크로키랍시고 목탄으로 작은 스케치북에 그려대는 게 성이 안찼던 나는 척척 유화물감을 쳐대고 있었다. 가만 있으면 손이 근지러울 정도로 스멀거렸던 그 당시 나는 한 줄 시를 쓰게 됐다.

'환장할 이놈의 끼' 어디다 배설하지 못함이 '배가 고프다'고 썼던 거였다. 근데 평론가는 그 한 줄 '배가 고프다'란 말 히딩크가 그때 인터뷰에서 한 말이라며 그건 표절이 아니라니…….

시인에게는 평론가의 그 말조차도 생소한 일이다. 그 당시 월드컵 16강까지를 끌어 올렸던 히딩크 내면의 끼도 만만찮았던 모양이다. '배고프다'는 그 한 마디 속에 담긴 뉘앙스는 16강으로 만족하지 못한다는 의미도 당연히 들어 있었을 테고, 다 배설하지 못한, 다 이루지 못한 것, 성이 차지 않은 것에 대한, 그 꼭대기에서만 뱉을 수 있는 게 나랑 같은 에너지였던 게 아닌가 싶다.

취미생활로 쓰기 시작했던 글이라고 방치하기엔, '광기'의 에너지로 詩를 쓰게 된 지금 이런 게 여간 껄적지근한 게 아니다. 현재 스코아 일곱 권의 시집 출판을 목

전에 두고 있는 작가로서 책임감 없는 글쓰기는 이제 그만,

문학?
더 공부해보면 알겠지 싶다.

2015년 여름, 문단은 신경숙의 표절로 한바탕 난리를 치른 끝이다.

2015년 9월 19일 기록하다.

홍순미 시집

붉은 립스틱

체념에서 봤다

억제,
억압 뒤

그 비틀린 욕구는 끓는 용암과 같았다
그걸 넘어선 체념 뒤 해체
모든 건 거기서부터 시작이었다

그 뒤, 올 게 그제서 오더라
천문이 열리고.

간이역

지금 나는 어디쯤 가고 있는 건지
어디에 머물고 있는 건지
뭘 하고 가야 할지 갑자기 궁금해졌다

다음 역은 어디일까?
잠시 머물 곳 소박한 시골길 그 너머
할머니댁이었으면 좋겠는데

여름밤 멍석에 누워 북두칠성을 찾고
찐 옥수수로 하모니카 불던 추억의
간이역이 (다시) 그립다

내가 지금 머물고 있는 간이역
'오늘'은
어디로 달려가고 있는 걸까.

아무 때나 오는 게 아니다

사랑한다고 해서 쉽게 좋아하지도 않으며
좋다고 해서 금방 흔들리지 않는 게 道다
슬프다고 울 것도 아니고
아프다고 괴로워도 않는 게 道다
두려움에 떨지 않으며
비바람 분다고 해서 파도치는 호수가 아닌 것같이
잔잔한 그 자체가 道다
삼천배, 혹은 만배를 했다고 해서 오는 게 道가 아니라
쇠 달궈지듯
쇠 달 듯(깎이듯) 그렇게 더디 오는 게 道다.

선글라스 안쪽에서 크는 애증

비오는 날에도 선글라스(는) 쓴다

빗길 달리는 그 너머 선글라스 밖은
5월의 단비로 대지를 적시고 있고
여자는 그마저 밖의 빛을 차단한다

싱그러운 잎사귀 뒤에서
제법 흔들리고 있는 바람엔
애수 젖은 여인의 눈물이 들어있고
여자는 짙은 안경으로 모든 걸 덮는다

그 안에서 애증이 크고 있고.

빠렛의 정체

물감을 척척 이겼다
붓질을 하고 또 다시 물감을 갠다

'클림트' 의 여자들이 한꺼번에
붓으로 기어오르고 나는 훑어내린다

'고흐' 의 정신병동을 그리고
빠렛의 정체는 무엇입니까?

파란 오줌을 싸고 다시 희석된 건
낙서화가 '바스키아*' 의 해골이다.

* 장 미셸 바스키아 : 검은 피카소라 불리우는 그는 길거리의 낙서(그래피티)광에서 팝아트 계열의 천재로 평가받고 있다. 생존적 본능이 뚜렷한, 충격적이고도 충동적인 작품들을 남겼다. 스프레이 낙서로 그림 그리기 시작한 그는 뉴욕에서부터 이름을 날리기 시작, 마약으로 29살에 요절한다.

건방이 웃는다

빛이 의식을 꺾고
난다

그럼에도 불구하고
마법의 날갯짓은 가벼웠다
천 리를 가도 가벼운 건
빛이다

무거움을 놓고 빛을 만진다

건방이 비웃고 있었다.

결핍

몽환적인 건 결핍이다
그 결핍은 절대로 괴기스러운 게 아니다

훌훌 난다
난다는 건 뜬 거고 뜬 건 가벼움이다
가벼움은 다시 비움이고
비움은 깨끗한 도(道)다

나는 지금 신선(神仙)이고
신선은 또다시 결핍의 '끼'다.

겹눈의 잠자리같이

눈웃음 속으로 크고 검은 눈동자가 숨어 버렸다
겹눈의 잠자리마냥 살포시 날아와 앉았던 그의
손길은 이미 떠날 채비로 있고,

이후 그는 어디로 날고 앉았는지 나는 전혀 알지 못했다
언제 또 여기로 다시 날아올지도 나는 여태 모른다

찬 이슬 내리기 전에 다시 왔으면 좋겠다
'道'.

한이 鶴이 되어

가지런히 깃털을 눕히고 혼자 서 있었다

하루해가 뜨고 지고
고독을 눕히고 재우는
빠르지 않은 걸음으로 기(氣)죽지 않을
자태로 감히 상대의 아우라(?)를 밟고 서 있자니,

단 한 번 내지를 소리 고독의 억압은
천둥과 같으니 천지가 개벽할

다시 하얀 깃털을 눕히고
'너는 누구냐?'
지붕만 한 날개가 펴지고 날갯짓 두어 번에
하늘, 깊숙이 뚫고 들어간다
어디메 날고 있는 걸까?
보이지 않았다

먹물 푹 찍어 꼬리를 마저 그려 넣으니
한이 학(鶴)이 됐다.

고장난 브레이크

페달을 밟아댔다
브레이크 고장으로 과속이다
돌부리도 거침없고
진흙탕 속으로도 멈추질 못하고 덤벼들었다
금방 코앞에서 쏟아질 줄 모르고 밟아댄 페달은
살짝 들어올린 치맛자락 속곳 다 보인 상태서 처박혔다
고꾸라진 꼬라지 호탕하나
툭툭 털고 일어나면 끝인데,

페달을 밟는다.

관통한다

별 거 아닌 게 삶이다

너머에 너머는 아무것도 없었다

관통한다.

광대에게 보내는 편지

파란 눈에 긴 속눈썹의 광대야!
붉은 입술 노랑머리 화려한 광대야!
분 냄새 짙은 그 너머 웃음 뒤
화장 지울 때 거울 속 속울음 하나
너만 아는 슬픔이라고 우겨대겠지만
그 울음 없었다면 넌 이미 광대가 아녔다

나, 비록 너처럼 파란 눈의 광대는 아녔어도
내 눈물 역시 협곡 아래 굽이굽이 계곡을 이루고 살았다

무대 위 조명 뜨거운 게 너를 비추고 있을 때
비로서 네가 존재했듯
pen을 차고 있었으므로 그제서 나, 詩人도 존재했다.

괴력의 여자는

너무 거대해서
꽈리조차 틀지 못하는
아나콘다를 이고 있고
움푹 들어간 눈의 깊이만큼
오묘하며 깨끗한,

탁한 것과 맑은 것을 동시에 가지고 놀 줄 아는 여자는
오히려 청초하나 사람들은 처음 그걸 '순진'으로 착각하고 자극한다
잘 지켜보고 있던 모든 건 한순간 괴력
그 모든 건 예술의 혼일 뿐 그것도 아직 다 건드리지 못한 상태인데
사람들은 서둘러 착각으로 있다
이고 있는 아나콘다 내려놔 봐야 그 괴력 알려나?
예술, 아직 그것도 다 떠먹어 보지 못했는데,

배가 고프다.

그것같이

투두둑 빗방울이 떨어졌고
금방 솨아솨아~ 소나기가 됐다
천지가 빗물로 흥건하고 도랑은 넘쳤다

솟고 넘치듯

그것같이 왔으면 좋겠다 이야기.

나비의 춤

비워라
그리고 날아올라라

춤을 추어라

휠체어라도 타고

꿈의 낙서

한 마리 애벌레가
성충이 되기까지
또다시 번데기로
꿈의 낙서를 하고
디자인한다

'워킹'
쇼장의 할로겐 빛이
따가울 수는 있겠으나
그건 차라리 스릴이고
팜므파탈이다
한 마리 불나방으로 모델이
날아오를 때 천지는
새로운 시작이 될 수도 있다고

도랑에 그물 쳐 놓고
그런 행복 몰고 있는지가
벌써 오랜데 낚인 게 없다

낚일 게 없었던 건 아녔는지
내가 내게 묻는다.

나는 뱀이다

나는 창녀다

뱀의 혀로
구릿빛 근육을 핥는다 혹은,
기어가고

끈적끈적한
이슬을 게워 낸 그 후
슬픔의 얼룩은
춤을 췄다

다시
뱀은 기어
가고

나는 창녀다

편린의 비늘로

또는 기어다니는 긴 혀의 뱀으로

그의 몸 위에 있다.

* 그리젤리디스 레알 작, 김효나 번역의 「검정도 색깔이다」 패러디 詩임을 밝힘.

낳다

몹시 배가 아팠다
그제도 어제도
며칠째 아프다
찢어질 듯 아팠다
한참 뒤 물컹하고 뭔가가 쏟아졌다
곧이어 아기 울음 소리가 들렸다
뜨끈한 배설로 여기저기 뭉턱뭉턱 낳았다
낳고 또 낳았다
거푸거푸 낳아댔다
여자는 두려울 게 없어졌다
다 낳았는 줄 알았는데
뒤늦게 또 배가 아프기 시작했다
아직 아픈 걸 보니
더 낳을 게 있는 모양이다
눈썹 하얗게 쇠면
끝날 수 있을까 싶었는데 배설,

내가 뭉턱뭉턱 낳아댄 건
썩은 감자 도려 낼 '칼' 이었다.

내 안에 뜬 별

거친 줄도 모르고 여기에 달려와 있습니다
멈출 수가 없었습니다
브레이크를 고장냈거든요
어쩌면 지금 이후는 달려온 속도보다도
더 빠른 속도로 질주하게 될지도 모릅니다
길을 잘못 들 수도
NG를 낼 수조차 없습니다
달려가는 동안 두려웠던 존재조차 전멸입니다
피해 갈 여지도 없습니다
의도한 거칠음이 아니라 속도가 붙은 과속일 뿐,

그 과속의 구차한 변명조차도
내 안에 뜬 별을 봤기 때문이라고 어찌 말합니까?

내 귓속엔 매미가 산다

열대우림 같은 숲이 있고
거기엔 곤충들이 바글바글하다
나비도 날고 꿀을 따는 벌도 있다
호랑나비 애벌레도 같이 사는 숲은 천국이다
가끔 청개구리 한 마리 울기 시작하면 영락없이 비가 오고
비 온 뒤 개울물 소리로 숲은 한여름을 맞는다

찌~
찌~
고장난 송신기 소리 같은 두통으로 온 그 사이로
가을 지나고 겨울 건너가면 숲의 하얀 그 속에 그것들은 알을 낳는다
그건 다시 이듬해 번식으로 생기를 찾고
숲은 또다른 깨진 전파 방해 소리로 두통을 앓기 시작한다
환갑 지나고 한참을 더 같이 살아야 할 텐데 내 귓속에 사는 곤충 떼들

햇살 푹 찔러 들어온 열대우림 같은 여름 무성한 번식 뒤 울음 소리

그 소리 잠재우기 위해 나는 고작 성모님께 묵주기도를 바치고 있다.

내면은 감옥이고 작업 중이다

며칠째 두문불출이다.

꽉 조이고 있는,

평팽한 기타줄 하나 탁 튕기면
금방 팍 끊어질 것 같은 탄력의 긴장감 상태
차마 거길 비집고
다른 공간의 느낌을 옮겨 넣을 수 없어서
자릴 비우지 못했다. 나는,

이런 내면의 감옥에서 나는 작업 중이고
작은 떨림이 카타르시스 '중독'이다.

너를 기다리며

아가야, 어느 별에서 오고 있니?
어느 별빛 보고 내려오고 있니?
할머니도 그 별에서 왔고
그 길로 내려왔단다

아가야,
널 기다리는 데 반 세기가 넘었구나!
해맑은 웃음으로 오고 있을 너에게 할미는
어둔 길 등 밝혀들고 있단다

오면, 너에게 고흐의 붓을 쥐어 줄 것이고
한 페이지 오선지 위 현을 타는 예술가로
꿈꾸게 하고 싶다 아가야,

어서 오너라
벌새처럼 날아오너라.

놀이로 온 道

공격성이 보이지 않을 때 둘은 놀이가 성립된다. 어느 한 쪽이 사나우면 '놀이'는 지속될 수 없다. 같은 道라도 날선 道의 끝에는 나비 앉을 리 만무한 일이고 무지의 뭉뚝한 돌 엉덩이엔 사나운 호랑이도 경계를 풀고 간혹 코를 곤다. 내가 입고 있는 道는 작은 것에도 민감한 반응을 한다. 그건 아직 땡감 수준?

몽실몽실 털 많은 양의 등이 되어야 할 텐데 나, 아직 道랑 놀기엔 서툰가 보다.

눈도 좀 더 많이 쳐져야 할 것 같고.

누드 그리는 여자

그리움에 젖어들고 외로움이 누워 있는
죽었다 깨나도 모를 감동 한 페이지
누드 그리는 여자한테
어느 날 동화 같은 이야기가 왔다
한 남자를 알고부터 더욱 농후해진 그림은
색(?)이 좋았다

캔버스 안에 반쯤 누워 사는 여자는
물감 짙은 붓으로 쳐대는 붓을 또
무엇으로 받아들이고 있었던 건지
궂은 비 내리는 날
여자는 홀로 몽환적인 색(?)을 칠하고 있었다.

늪은 숨이고 自我다

늪에 사는 모든 건
형태가 없다
형태가 없는 건 아메바다
질펀한 늪의 생존은 천국이고
진흙의 늪에 사는 나는 뼈가 없이 자라고
흐느적거린다
흐느적거리는 영혼은 Freedom! 자유다
자유하는 모든 건 늪 안에 있다
늪은 다시 천국이다
볕이 든 낮의 물밑 풍광과 칠흑 같은 밤의 늪은
두 얼굴이 존재한다
그런 늪은 형태가 없다
형태가 없는 건 無다
無는 또다시 하얀 순백이고
순백의 늪은 순수다
순수는 창작이고 숨이다
숨은 곧 생명이고 '自我'다.

당신은 나의

당신은 나의 빛입니다

당신이 나의 道이고
당신은 나의 시작입니다
당신은 나의 사랑이고
당신은 나의 인생입니다
당신은 나의 행복이고
당신은 나의 아름다움입니다
당신은 나의 호흡이고
당신은 나의 산소입니다
당신은 나의 착한 남자이고
당신은 나의 청량한 물입니다
당신은 나의 숲이고
당신은 나의 물고기입니다
당신은 나의 소금이고
당신은 나의 내일입니다

당신은 나의.

닻을 내린다

나비처럼 날아다녔다
향기 짙은 꽃잎에 앉았다 일어났고
뾰족한 가시 끝에 앉아 있을 때도 나는
자태, 잃지 않으려 바들바들 떨며 애를 썼다
나뭇가지 꼭대기에서도
바람은 쉼없이 불어댔으나 그때도 나는
미동(微動)조차 없었다
날개에 상처가 났을 때도 비행을 멈추지 않았다
모진 비바람과 눈발 성성할 이 마당에서 나는
혼돈하지 않을 것이며 심해 깊은 곳에 닻을 내릴 것이다
병신춤의 대가 '공옥진'은 죽고 없다
아픈 '천경자'는 어디서 뭘 하고 있는 걸까?
모두의 결말은 조용히 닻을 내리더라.

道를 씻는다

걸어온 길〔道〕이
하도 지랄 같아서 道를 씻는다

오물에 얼룩진 허물은 벗어던지고
삐뚠 길은 바로설 수 있게
등떠밀어 바로세워 놓았다
망치를 들고 있던 나는 못질을 해댔고
뭉크의 그림을 높이 걸었다

그 길〔道〕을 걸어 나와
道가 道를 닦을 수 있게
道를 씻었다

그랬더니 환한 빛이 바로 들어왔다.

독감 앓듯 사랑 앓는 남자

혼자 앓고 있는 그에게 나는
한 방의 '중독'을 떠먹였다
열병 앓고 있는 그에게 나는 한 줄
詩로 다리를 놓고

한겨울 늙은 청년은
바이러스에 감염됐고 그는 또다시
그걸 전염시키려 애를 쓰고 있다

잔뜩 우수에 차 중독을 앓느라 후줄근한 그가 오늘

얼마를 더 앓고 일어나야 괜찮아질런지
이 비(雨)를 다 맞고 나면 그는 조금 더 늙어(?) 있을 것이다
그 즈음 나는 슬쩍 한 술 레몬즙 같은 봄을 떠먹이면 될 테고

한 남자

또 다른 남자로 태어날 그에게 나는
詩를 떠먹인다

자꾸 詩를 흘리는 아기 같은 늙은 남자에게 나는
부지런히 중독을 앓게 했다.

루루 이야기

심해 깊은 태평양 한가운데서 놀던
네가 내게로 온 인연 감사하다
비록 내장 빠진 딱딱한 등껍질의
박제된 거북일지라도

숨, 생명을 불어넣어 준다

이제부터 네 이름 '루루'다
영혼 가벼울 '루루'
널리 헤엄쳐 다녔을 아름다운 '루루'야!
'루루'로 온 인연 앞에서 나는 너를 집착할 거야
'루루' 너는 알을 낳아라
장수의 알
부자의 꿈을 꿔라
난 네 알의 주인이고 싶다
내 영혼의 '루루'야!
내 침대의 반을 너에게 내어 준다
동고동락할 연인 '루루'

내 반쪽 '루루'야!

비록 박제된 바다거북일지라도,

메뚜기알과 말벌 사이

메뚜기알에 알을 낳는 말벌같이
나에게도 그런 해충 같은 이가 존재했다
그가 그런 줄도 모르고 나는
어미 잃은 오리새끼마냥 졸졸 따라다녔다
혼자 꿈꾸고 혼자 정착하고 그렇게 몇 해를 왔는지 모르겠다
그가 말벌의 존재라는 걸 정확히 알게 된 건 얼마 되지 않았다
한 지역에만 소나기 퍼붓는 것같이 이미 나는 그의 블랙홀에
깊이 빨려들어가 버린 상태가 됐고 대책이 없었다
낭패 치고는 참으로 난감했다
내 안의 나를 수천수만 마리의 메뚜기 떼로 날게 하는 수밖에 도리가 없었다
날마다 알을 낳고 부화시켰다
말벌은 역시 일시적으로는 금방 비대해졌는지 모르겠지만 오래 가진 못했다
내가 낳은 알 중 간혹은 살충제 먹은 메뚜기알도 있었

기 때문이다

꾀로 사람을 부리려 했던 게 낭패가 된 말벌을 히떡 자빠트려 버린,

이내 날지 못했다

발랑 나자빠진 말벌, 나는 버둥거리는 두 날개를 찢어 버렸다

또다른 번식을 위해 항문 끝을 땅에 박고 알을 낳기 시작하는 다른 말벌 한 마리

미리

'나, 살충제 들고 있어요' 라고 선언하고 싶은데,

목화꽃

젖봉오리 봉긋 솟은 것 같은 다래에서
만개한 목화꽃 피기까지 한여름 뙤약볕은
무얼 했느냐고 물었더니 비〔雨〕를 지켰다고 했다

그것같이 나도 잎 넓은 연으로 인생의 비를 막아야겠다.

바람아 불어라

그리움 주고 떠난 사람
차창 밖 빗물 되어 흐르고
젖은 웃음이 나를 휘감는다

검푸른 바다에
소나기 조금 퍼붓는다고 해서 그 바다
꿈쩍이나 하겠습니까? 그러거나 말거나
나, 울지 않아요

그리움 적시고 간 사람
그가 울지라도.

바탕색 노란 스팸문자같이

“숫누에 파워그라
연말 초특가
1박스 구매시
2박스 드립니다
100분 한정
홍삼 3박스 증정”

시도 때도 없이 쳐들어오는 스팸문자같이
비린내 나는 늙은이가 사랑이라고 왔다
나는 은백의 ‘리차드 기어’가 주연인
〈뉴욕의 가을〉 안에 있는데,

질박한 내 가슴 속 뉴욕은 회색이다
오늘 또 비아그라 스팸문자가 걸려들면
그땐 꼭 하나 주문해서 떠먹여 줘야겠다
차라리 ‘리차드 기어’한테,

내 귀는 이미 난청이고 눈은 난시다.

배설의 오르가즘

미치도록,

팔팔 뛸 정도로 다급했던 화장실과
자동차 주유 다급함은 얼른 판단할 때
같아 보일 수 있겠으나
주유 다급함이 어찌 화장실 다급함만 하겠는가?
고난 뒤 쾌적함은 주유 후 찾아온 편안함에
감히 비할 바 아녔다

고로, 천국과 지옥 사이 배설은 오르가즘이다.

버릇없는 사막의 생쥐 한 마리

사막 속 생쥐 한 마리 감히 버릇이 없다

그를 정사 날에 태어난 백사가 한 번의 긴 호흡으로 꿀꺽,

길고 뜨거운 뱃속에서 오랫동안 노닐게 하고 싶다.

벽

벽 하나 사이 안과 밖이 있고
그 사이 선악은 끝과 끝 사이 경계선
두껍거나 얇거나 벽인 건 같다
두께와 관계없이 그 난간은
천 길 낭떠러지와 같고 벽은 벽일 뿐
억겁의 벽으로 오는 모든 건 무거웠다

그것도 모르고 나는 매번
해맑게 웃었다 혼자서.

봉사가 봉사 된

봉사가 난무하는 세상
거기에 끼지 않으면
시대에 빠지는 것 아닌가 해서
체면 때문에 나선 봉사가 봉사 된 지금
봉사한다고 나서지 않은 게 오히려 양반이 됐다

감투와 권력이 난무한
탐욕이 행세를 하고 있는 봉사가 눈 먼 봉사다.

불꽃

할머니는 군불을 때고 계셨다

결혼생활 내내 서른두 해째
불길 없던 내 몸에 군불 지피신 할머니
구석구석 운기 돌게 하시더니
그건 또다른 에너지의 빛으로 왔고
성에 낀듯한 뿌연 안구를 벗겨 주셨다

아궁이 안쪽에서부터
활활 피어오른 게 할머니다.

불협화음

바이올린을 켜댔고 울었다

불협화음이 일어나고
삶의 교향곡은 뚜꺽거리기 시작했다
아무리 바이올린 울어대도 그때는
눈발만 성성했다
오랫동안 버텨 서서 문을 열어 주지 않는
5살 내면(?) 아이
언제 문 열고 나올까?
어떡하면 문 열어 줄지

어느 멋진 날 오후 나는
그의 품에 안겨 탱고를 추고 있을지도 모르겠다

아직 바이올린은 내 어깨 위에 있고
팔이 아프다.

블랙리스트

검은 이름 하나를 다시 기록한다
무거운 것 같았으나 가벼웠다

또 얼마나 고단하려 비난으로 온 건지
남자의 수다가 여자보다 더 깊었다

검은 게 쓱 지나갔다
환한 빛 되어 다시 돌아올 때까지

그를 기다린다.

비가 먼저 왔다

오면 별것도 아닐 걸
왜 기다리고 있는 건지
밖은 지금 큰 비가 오고 있다
이 비가 그치면 오려나?
기다림이 본능이 돼 버린 여자

그 본능 하나가 또다른 본능 하나를
밀어내고 있는 지금 나는 붓이 꺾인 지 오래다
그리다만 캔버스 위 얼룩 '끼'를 앓는다.

비췻빛 호수 같은 눈으로

투명하기가
빙하가 흘리고 간 비췻빛 호수 같고
그 깊이와 날카롭기는
매의 눈 같아졌다

그런 눈을 들고 글을 읽으니
책에 구멍이 나고
기도를 간청하였더니 예수가 보이더라

그림을 그리니 그림이 속살 벼 내기에
심장마저 베일까 두려워 나는 오늘
들고 있던 붓을 내려놓았다.

사랑이고

독한 게 사랑이다
보이지 않는 칼날 위에서
솜사탕같이 달콤한 게 사랑이고
유치한 게 사랑이다
속일 수 없는 게 또한 사랑이고
순간 영혼을 지배해 버리는 게 사랑이다
단단한 철을 자를 수 있는 게 사랑이고
그랬다가도 금방 쉬 상하는 흰죽 같은 게

사랑이다.

사막이 배고 있는 그 거대함에 대고 속삭인다

광활한 사막 한가운데

나,

사막이란 단어도 무서운데
그 안에서 일어나고 있었을 거대한 움직임들
수만 년 동안 드러내지 않고 고요한 억압 안에서 있었을 그것같이
모든 것들을 '숨' 하나로 삼키고 뱉었다 나는,

고도로 비틀린 건조함 뒤 한 방울 빗방울이 웅장한 숲을 꿈꾸듯
거꾸로 '습기' 밸 준비로 있는 사막의 거대함 같은 나,
차라리 작은 속삭임으로 꿈틀거리고 있다 지금

그걸 누가 알랴.

생존하는 모든 건 사납다

물고기 비늘같이 틈새 없이 꽉 찬 게 나고 매사에 진지한 게 또한 나다

수렁에 빠지고 시커먼 맹수가 달려들어도 나의 생존은 끄떡없다

살기 위해서라면 거칠고 사나운 게 대수더냐?

육식동물 한 마리 사마귀마저도 사나운 건 마찬가지더라 하물며.

선택

자장면을 시켜 놓으면 짬뽕이 먹고 싶었다
짬뽕을 시켜 놓으면 자장면이 그립고
그게 삶이라면 차라리 난 잡탕밥을 시켜 버릴 테다.

설렘은 극도로 결핍된 흥분이다

설렘은
몸에 불을 붙인 것같이
다급하게도 나를 흥분시킨다
흥분은 나한테
내면의 억압이고 뒤틀림이다
페인팅, 인정사정없이 꿈틀거리고 있다
유화물감 한 줌 캔버스에 진흙 처대듯 쳐대기를
억압, 억제된 지금 그건 무엇으로 드러낼지

뜨겁다

이미 몸이(은) 울고 있는데.

아름다움이라 말할 수 있는 이별

태를 끊는다

끊고 잇기를 반복해 오는 동안 나는 반백이 됐다

괜한 인연 돼서 씨실과 날실 엮듯 세월 엮어 오느라 분주했던 오늘이 수줍다. 잔바람에 패랭이꽃 흔들릴 때마다 나는 왜 덩달아 흔들렸던 건지. 그래도 그때가 좋았다는 생각. 춘풍에 흔들릴 거라도 있었으니 얼마나 홍분했었던가?

이별할 거라도 있었다는 게 젊음이었다.

숨

쉽게 끊어질 것같지 않은 숨이
숨을 이어가고 있다

숨을 이어가고 있는 자체가
부끄러운 줄도 모르는
숨이 또다른 숨의 모양으로
숨을 쉬고 있고

나는 부채꼴 모양의 산호로
수심 깊은 바닷속에서 차라리
물결 움직이는 대로
흔들리고 싶은데 그게 그렇게도 힘들다

그 자리에 심지 하나 박고 버텨 있고 싶은데
보일 게 보이는 것조차도 귀찮다

해 넘어가면 나으려나?
나잇살? 뭐 하는 건지 갑갑하다

각자 자기 방식대로 살아가는 숨이
오늘 또다른 숨으로 헐떡거리고

예수, 똥구멍으로 믿는 게 보기 싫다.

도플갱어

결혼과 이혼 그리고 재결합까지
서른두 해를 건너오면서
여자는 울고 분노했다
그때마다 누드그림을 갈겨댔고
'붉은강'을 썼다
'올무'를 채워 詩로 죽이고
그럼에도 불구하고
성이 풀리지 않았던 여자는
이번엔 '도플갱어'를 쓰기 시작했다
거기에 카메라 앵글을 들이댔다
그 속에서 조금씩 움직이기 시작한 여자한테
들려온 목소리 조언이다
들릴 리 만무했던 여자는 그때도 여전히 비틀린 결핍만 키우고 있었다
'향기로 꽃을 피워라'
그 소리 이번엔 꿈으로 왔다
그랬음에도 그 속뜻 알 바 없었던 여자는 여전히
도플갱어 속에 있었다

거듭거듭 해가 저물고 아침이 왔다
기록한다
'향기로 꽃을 피워라'
그제서 그 소리 귀에 딱지 앉은 걸 깨닫고
"뭐지?"
다시 의문을 갖는다
그 뒤 '도플갱어'는 '나비의 춤'이 되어 다시 탄생한다
여자는 버선을 신었고 춤을 추기 시작했다
"미친 듯 춤을 추고 싶어요
미칠 때까지 추고 싶어요
몸이 부서질 때까지 춤을 춰야만 합니다"
햇살 가득 눈이 부시다 그제서,

도플갱어, 남자가 시체로 떠다녔다.

시인은 말이 없다

무섭다
아는 게 무섭다
앎이 무섭다

아는 건 뭐고 또 모르는 건 뭐란 말인가?
조그마한 내 안의 옹달샘 하나
그 깊이만큼 알고 모르는 게 전부일지라도
그것조차도 무서운 세상이 또 두렵고

무섭다

시집을 출판하는 시인인 게 무섭고
시를 쓰고 있는 게 또 무섭다
그 흔한 지하철 한 번 타 본 적 없는 시인은
반쪽짜리다
현대인의 하루 속 치열한 경쟁조차
알 턱 없는 시인은 입이 없다

빨판이 있고 여덟개의 다리 사이
입을 감춘 연체동물 낙지이고 싶은 시인은
'無'다

지독하게 불경기인 지금
(현재시간 2015년 4월 초입)
취업난으로 고통받고 있는 청년이나
영업실적에 날마다 죽었다 살아나는
영업사원의 실체는 같은 세상에 살면서
시인의 존재인 게,

애수

해바라기 해를 쫓듯
사랑 하나 달려오네요
지리한 장마 뒤 해를 맞듯

눈물을 거둬요
그리고 이제 그만 울어요

그에게 속해 있고
그는 또 내게 속해 있는
너무 뜨거워 타죽을지도 모를
사랑 하나가 달려오네요

울지 말아요
눈물을 닦아요.

어찌 그리 더디 오시나요

올 거였으면서 어찌 그리 더디 오셨나요
이번엔 그대 놓치지 않겠습니다
한 끼니같이 떠먹기를 너무 오랜 시간 기다렸습니다
원고지에 빛을 달아 불 밝히고 로켓마냥
쏴 올리겠습니다
당신을 향한 한 통의 편지 지구촌 방방곡곡을 누비게 하겠습니다
넘어지면 또 일어서고 울고 웃고 천 보 만 보 같이 걷겠습니다

어찌 그리 더디 오셨나요.

어느 날 오후 배추흰나비와 호랑나비가 춤을 추고 있었다

7월 하고도 한가운데
폭염 속 고향의 작은 암자에서
아버지의 천도제를 지내고 내려오던 산사 모퉁이
숲은 우거졌다
언제 어디서 날아왔는지
처음 배추흰나비가 우리 주변을 맴돌며 아는 체를 했다
“어, 아빠다”
일행 중 누군가의 외마디 소리다
“니 아버지가 나비로 환생했능갑네~”
고모가 말한다
뙤약볕이다
한참을 걸었을까?
어디서부터 따라왔던지 손바닥만 한 호랑나비 한 마리가 우리 앞에서 춤을 춰댔다
이번엔 고모가 먼저 말했다
“얘들아, 저것 봐라”
호랑나비를 가리킨다
“저건 성인갑네, 니 엄마다”

"살아생전 그렇게도 화려하더니만 호랑나비 돼서 니들 아버지 만났나 보다."

"요즘 호랑나비 흔치 않은디~"

두런두런,

일행은 행길 가까이 내려왔다

호랑나비, 계속 따라오며 우리 일행을 배웅하느라

서행하고 있는 승용차 앞유리 너머에서 너풀너풀 춤을 추고 있었다

차창 밖으로 손을 내저으며

"엄마! 안녕~"

내가 말했다

창문을 활짝 열어 놓고 달리는 승용차 안에서 에어컨은 쏟아져 나오고 있었다

천도제에서 만난 아버지는 배추흰나비로 엄마는 호랑나비 돼서

둘은 그렇게 재회를 한 모양이었다.

여우굴 – 모텔

해가 지고 어둠 내리면 굴 속의 초입은 정육점 불빛 같은 네온사인이 하나둘씩 점등되기 시작하고 그건 다시 밀물 밀려오듯 순식간에 번화가를 이룬다. 아무리 거길 드나들어도 새끼 안고 나올 리 만무한 여우들은 간혹 여우비로 살기도 하고 굴의 온기 평생 잊지 못해 추억은 오랫동안 거길 또 서성이게 한다.

네온 꺼진 대낮은 파리가 들끓고 어스름 초저녁 하나둘씩 날것들을 물고 들어오는 굴 속은 물어뜯긴 수컷의 피로 흥건하다. 갈기갈기 찢긴 가죽은 다음 날 굴 속을 빠져 나가는 여우목도리 돼서 칭칭 감겨져 나오고, (혹, 날것들로부터 요행을 바랐다면 그 요행은 냄비 안에서 헤엄치는 물고기와 같다*나?)

암만 오래 봐야 새끼 번식은 없고 붉은 네온만 번쩍일 여우굴은 불금(금요일 밤)이 대목이란다.

* 제갈량의 병법서 『장원』에 기록.

둘은 속해 있고 또 합집합인 채로

요즘 들어 부쩍
저물고 있다는 게
여간 아쉬운 게 아니다
서둘러 집을 지어야겠는데
마땅치가 않다

나도 산호초숲에서 노닐고 있는
한 쌍의 노란색 물고기 같고 싶은데

검고 짙푸른 바다 밑바닥 한가운데
아무도 보지 않는 그곳에서
둘이 속해 있고 또 합집합인 채로
오래도록 같이 살고 싶다.

인내는 쓴 게 아니라 메스꺼움이다

메스껍다 못해 곧 토할 것 같이 울렁거렸다. 입덧할 나이는 훨씬 지난 것 같은데 깊은 병이 온 건 아닌가 싶어 마중 나가야 하나 한참을 고민 중이었던 어느 날 오후, 거듭 울렁거렸고 메스꺼움은 짙어졌다. 먹은 것도 없는데 체한 건 아닐 테고 약을 챙겨 먹어 봐도 당췌 효험이 없다. 오랫동안 공복이라서 그런 건가 싶어 거꾸로 양푼에 고추장 크게 한 술 푹 떠 넣고 보리밥을 썩썩 비벼 먹어 봤지만 그것도 잠시 염병할 놈의 다이어트인지 뭔지 한답시고 배 곯다 보니 허기가 울렁증으로 온 건 아닌가 싶었으나 그것도 아녔다. 오면서 밥만 굶었던 게 아녔던 걸 깨닫는다. 너무 깊은 인내도 메스꺼움이더라는,

기질대로 살기로 작정한다. 무슨 놈의 인내?

작은 동물원이 된 명품가방 안에는

들짐승한테 물린 것도 아닌데 매번 요란하게 꿈틀거리는,

톱니 같은 이빨을 드러낸 가방 안은 현금은커녕 카드만 수북한 붉은 지갑을 배고 있고 구찌 향수를 찾을 때마다 꿈틀거리는 비늘이 역린이다

송곳니마냥 가꾸로 선 비늘이 날카롭게 경계를 하고 있는 뱃속에서 핸드폰은 시도 때도 없이 울려대고 다급한 목소리 앰뷸런스 소리로 전화벨은 울어댄다. 여자의 손이 가방 안에서 다급하게 핸드폰 찾느라 헤맬 때마다 뱀가죽 명품가방은 그제서 살아 움직이느라 꿈틀거린다. 때론 거칠고 가끔은 부드럽게,

여자의 핸드백 속은 오만가지 잡동사니가 같이 사는 작은 동물원이다.

잠시 오류 난 道

오던 길 따라 왔을 뿐
오고 싶어서 온 게 아니고
목적 있어 온 건 더더욱 아니며
간혹 목표 있을 수는 있었겠으나
그것도 다는 아녔다
그냥 다녀갈 뿐
홀연히 가던 길마저 갈 수 있으면
더욱 좋겠는데 잔뜩 낀 먹구름
아직 별을 가리고 있다

궂은 비 한 줌 뒤 별이 그립다.

잡힐 듯 잡히지 않는 노랑나비 너에게

너는 나에게 희망이었다

삼각형 네 개의 모양을 한 노랑나비 네가
머리 위에서 날고 또 날고 있었지
금방 잡힐 것 같아 폴짝 뛰면
그때마다 너는 한 뼘씩 날아오르고 또 날아올랐어
거듭 뛰고 또 뛰어도 잡히지 않았던,

폴짝 뛰면 또 한 뼘만큼 날아오르고

코끝에서 아른거리는 꼭대기 거긴 아직
나한테 먼 길이었다.

좋지 아니한가

기도로 눈을 뜨고 잠을 청하니 좋지 아니한가?

나를 다스림에 있어 4차원 세계를 넘나들고 예수와 딜을 한다

가난이 노크해 오면 그건 비움이다

몇 시이옵니까? 자시 하고도 일곱 분입니다

그믐 밤 다시 묵주기도로 잠을 청하니 좋지 아니한가?

주님이 띄운 배를 타고 건너왔습니다.

줄탁동시

예쁘지 아니한가?

아무도 밟지 않은 순백의 눈밭이 단 한 번의 발자국으로 금방 녹아 버렸지만 불륜, 꿀보다 달고 맛있었노라. 은자는 산에만 있는 게 아니랬듯이 나, 진흙 속에서 핀 꽃의 아름다움을 발견했다. 줄탁동시. 그건 단 한 번 오는 '끼'를 발견해 사는 기회가 됐다.

겨울 밤
부엉이 울고 오랫동안 먹을 치고 있었다. 혼자서.

죽은 물고기 비가 그치고

흘린 영혼을 주운 지 불과 세 시간 전
돈보다 영혼 든 예술을 마신다
하수구 같은 가난과
허름한 내 영혼은 같은 꿈을 꾸고 있었다
영혼이 가난한 건 비대한 것보다 낫다
15/May/2014 아침 여섯 시
나는 한 남자*를 만났다
작은 기적이 나를 뒤흔들고 감동시킨
창문 너머 남자는
선글라스를 쓰고 있었고
경이로울 것도 없는 기적으로
고통과 고뇌를 한꺼번에 관통해 들어왔다
빈민가가 더 어울리고
상실감에 추적추적 걷는 게
미끄러지듯 달려드는 벤츠보다 더 어울리는 남자
그 남자에게 호기심은 연민의 눈물이었다
추악한 모든 건 누군가 작정하고
뜨거운 커피 한 잔 쫙~ 끼얹으면 끝나는 일이다

죽은 물고기 비가 그치고

쳐줄일 놈의 사랑

한 입 크게 베어문 게 예술, 이었다

* 영화 〈서칭 포 슈가맨〉의 주인공 '로드리게즈'를 의미. 그는 팝 역사상 가장 신비로운 가수다. 미국에서는 비운의 가수였고, 남아공에서는 엘비스 프레슬리보다 더 큰 슈퍼스타였다고 한다.

첩년 동구 밖 작은서방 기다리듯

언제
어디서 올 건지
어디쯤 오고 있는지
오면 사랑만 할래요

아내가 아프다고 들었는데 얼마나 아픈 건지
태풍 싫다고 아니오는 것도 아닌 것마냥
그가 온댔다
좋아라! 첩년 동구 밖 작은서방 기다리듯 그를 기다린다

은밀한 곳 털이 다 빠진 지금
"젊어 뭐 하고 왜 이제 왔소" 한들
무슨 소용이겠어만은 이제라도 온다니

올 기미는 있는데 아직
그가 안 왔다
사랑만 할래요
오면,

큰비 오던 날

'재난영화가 아닙니다'
자막이 뜨고
밖은 여전히 큰 비가 내리고 있었다
가슴 가득 범람한 물이 차오르고
무더운 장마 뒤 나는 상상의 쿠바 여행을 떠났다
구릿빛 피부가 이글거리는 해변을 걷다가 문득
흔적을 뒤돌아보니 어제의 상처가 오늘
화석처럼 서 있었다

가을 접어든 나인데
나는 무엇을 수확할 건지
쿠바산 시가를 피워 물고 연기를 뱉는다
그 쓴맛 같은 오늘을 다시 걷고 있자니
'재난영화가 아닙니다'
자막이 다시 뜬다
밖은 추적추적 큰 비가 내리고

답답했던 시간을 꼬약꼬약 피워 물었다.

털

검은 털이 났다
정작 무성해야 할 곳엔
민둥산이 돼 버리고

음기, 서둘러 밀어내야 하는데
달라붙어 떨어지질 않는다
내 몸의 일부가 되고 싶어 안달인 그게
여간 성가신 게 아니다

내일은 내일의 몫인 만큼 볕이 들 거야
볕 들면 잡초처럼 무성했던 털은 다 빠져 버릴 테고

꼭 벼 내야 할 음기가 자라고 있다 염통에.

폐경의 엄마는

씀바귀 같은 쓴맛의 향기로 왔을 샘물 마른 엄마는
더 이상 섹스 충동 없는 열 살 소녀로 되돌아와 있었다

오십 중년의 소녀는 오늘 서른두 번째 카네이션을
왼쪽 가슴 위에 피워 냈고
여자이기보다 엄마로 살고 있는 소녀는 어느 새
두 팔 벌려 달려올 손자 기다리는 재미로도 살고 있다

폐경의 엄마는 평생 길을 내며 온 게 여자이기보다 엄마였던 걸
움푹 파인 주름 밑 살포시 내려앉은 미소로 음미한다.

풍광

협곡 깊은 캔버스를 등반 중이고 나는 지금 중턱이다. Step by step 혼자 오르고 또 오르고 있는 이곳 험하나 두렵진 않다. 짊어진 짐도 무거우나 굳이 셀파도 필요치 않은 이곳 간혹 짐승 소리 상상하고 그 속에서 긴장은 차라리 스릴이다. 캔버스 가득 만년설과 빙하를 그려 놓고 빨간 옷을 입고 있는 나는 에메랄드빛 차가운 호수를 막 지나고 있다. 누군가 이쯤에서 툭툭 옆구리 쳐 오면 거기가 정상이 될 텐데 메아리, 협곡 밑으로 떨어지고 나는 고단한 여장을 거기에 풀어 놓고 싶었으나 아직 푹푹 빠지고 있는 붓이 천 근이다.

한 방울 물로 태어나

유년은 미지근한 논물에 개구리알 낳는 시골에서 태어났고 봄을 만났다.

그 후 청년 시절인 폭우는 거친 계곡을 만들었다. 때론 폭포로 떨어지기도 하고 그 위험은 꿈이 되어 줬다. 중년의 싸락눈 엄동설한은 차라리 봄을 밴 희망이었고 처절한 혹한은 이듬해 어김없이 꽃으로 피어났다. 여한 없는 노년의 영혼은 막중하고도 거대한 강으로 흘러들어갔고 다시 바다는 강을 품었다 거기엔 상어가 노닐고.

흐느적거리는 작은 독초로 숲을 이뤄 위험 지켜 낼 여든에도 설렘은 나한테 흥분의 기다림이 돼 줄 것이다.

하늘이시여

나만 몰랐다
손만 내밀면 금방 닿을
잡힐 그 자리에 늘 있었던 걸
반백년 넘게 오면서 나는 전혀 알지 못했다
이제사 힐끗 쳐다봤더니
그랬더니 바로 곁에서 나를 지키고 있었다
그렇게 가까이 있으면서 모른 척 그냥 온 게
관심 안 됐던 거 그게 그렇게도 부끄럽다 시방,
흔한 빛인가 싶었는데
뭉클한 게 뜨겁게 꽂혀 왔다
아~ 때로구나!
눈을 뜬다

하늘이시여!
소망합니다
소금이 썩을 때까지 소중한 빛으로 섬기겠나이다
'은총이 가득하신 마리아님~' 묵주기도를 한다
이웃을 간청하고

아픈 이를 두려움에 있게 하지 아니하겠습니다
나환자 환부에 구더기 바글거림 같은 존재 나는
테레사 수녀에게 간청했다
욕심의 고통을 호소하기보다 내 안에
호롱불만 한 빛 존재케 해 달라고

기회 얻은 이만이 아는 기쁨을 나는 오늘 만졌다.

해우소 —해탈

다 비워야만 나갈 수 있는 곳 해우소
거기에 나는 오랫동안 머물고 있었다
걸어 오는 동안 꽉 채워졌던 탐욕은
적당한 시간 해우소가 필요했다
절박했던 노크 소리에도 쉽게 열리지 않았던 해우소
그때도 내 안에 탐욕은 용틀임으로 있었다
팽창할 대로 팽창해 버린 부화가 터질 위기에서 다급했던 해우소
절박했던 어느 순간 자신도 모르게 풀어헤쳐 버린 곳
응급실이 아니고 해우소(해탈)였다

비움은 가벼움이다
근심과 격정(激情)의 배설은 천국이고
천국은 '樂' 이고 '樂' 은 다시 '道' 다
고로, 해우소는 '道' 였다.

헛간도 비워라

수시로 뇌에 낙서를 해댔고 엉망진창 뒤죽박죽인 뇌를 청소해야겠는데
구석구석 혼돈이다

뇌밭에 오래 전 파종해 놨던 낙서들을 죽비로 깨우니,

헛청을 비워라. 헛간을 비워야 채워질 게 채워진다. 길이 난 곳으로 배설하고 새로 낸 길로 새것을 들여라

뇌를 비워라.

흔들리지 않으면 그건
더 이상 들꽃이 아니다

모진 풍파 없었다면 들꽃은 들꽃이 아닙니다
거기에 서 있었기 때문에 들꽃은 외로웠고 고독했습니다
고통을 견디는 힘이 있었기에 들꽃은 또 고고했고
크레용의 잔바람에 들꽃은 스케치북 안에서도 흔들렸습니다
은둔생활하는 내 안에 들꽃 역시 자꾸 흔들리데요.

'9'보다 '0'이 크다

'9'보다 '0'이 크다

'0'은 soul이고 자유다

'0'에 집을 짓고 사는 여자는 '9'는 존재치 않는다

여자는 '0'을 부려 놨을 때 가장 행복하고

'0'에 취한 여자는 '0'으로 죽는 결말을 들고 산다

제로의 상징 '0'은 꽉 찬 '0'이기도 하고 빈 것이기도 하다

'0'은 '0'일 때 가장 가볍고 아름답다.

Angel

오, 나의 천사여!
슬픈 안녕은 이제 그만
당신의 눈물로 얼룩진 날개를
내 어찌 짊어지고 살까요
그냥 떠나요
뒤돌아보지 말아요
당신의 향기로 가득할 이곳
내 어찌 안녕이라 말해요
뒤돌아보지 말고 그냥 떠나요
슬픈 안녕은 싫어.

Run

지켜 줘서
고마워

run,
뛰어, 뛰라고

go,
가, 가라고

이글거리는
용암같이 끓고 솟고
녹이면서

run,
달려간다.

The 붉은 게 끼다

The 붉은색으로 와라
The 굵은색으로 오고
The 하얗고 검은색으로 와라 그리고
The 강한 내면의 나를 만나라
The 깊은 것으로 만나라 소리 없이,

The 하얗고 붉은 게 '끼'다

'끼'면 the 햐얀해라
'끼'면 the 붉어라
'끼'면 the 검게 와라

The 무서운 붉은색 '끼'로 날아들어라.

Tonight

기도했습니다 그리고
tonight,

그가 왔습니다
그는 반 세기가 넘는 세월을 건너왔습니다
today,

혜성 같은 빛으로 왔고 꽂혔습니다
여자는 그 빛에 베였고 오래 갔습니다
trace,

역사는 한 페이지를 기록했습니다
poetess.

칼의 노래

꽃이 핀 거
아무리 숨기려 해도
향기가 먼저 말한다

생선 썩은 냄새 같은
생각의 음기 역시
氣가 먼저 아는 체하고

나, 하얀 치자꽃
겹겹의 순백 꽃잎인 걸
누가 알까?

음모, 칼의 노래
혼탁한 기운이
그믐밤 늑대 울음 소리 같다.

살 수가 없다(Live, Buy)

진짜 살 수가 없다(Live)
말하는 입만 많아서 시끄러워 살 수가 없고
고요하고 싶은데 넘쳐나는 정보로 귀찮아서 도대체 살 수가 없다
온통 분노로 뒤죽박죽 아귀다툼인 뉴스 때문에 살 수가 없고

살 수가 없다

살 수가 없다(Buy)
명품백과 모피코트 때문에 행복을 살 수가 없다
넘쳐나는 이기 때문에 情을 살 수가 없고
높은 빌딩의 아파트 속 하우스푸어를 보고 집을 살 수가 없다

나, 차라리 마음의 빈 집에서 살고 싶다.

섬에 물들어 온다

내 안에 섬 하나
그 섬 지키느라
나는 밤마다 염통을 등대 되게 했다
발톱은 세웠고,

그게 뭐라고
그 섬 하나 지켜가기를
붓 한 번 내려놓지 못하고
밤마다
염통 근처에서 수묵화를 치며
지샜다

'섬에 물들어 온다'

결말은 그렇게
환칠해 버리고 싶었으나
이내 붓을 들고 척척 죽(竹)을 쳐댔다.

도시의 건물 뒤로 지는 노을

반포에서 종일 놀다 저녁 때 강변북로를 타고 마포로 넘어오자면 날마다 다른 노을이 내게로 온다. 낙서 같은 노을은 '황홀' 그 자체일 때도 있고 간혹은 어린 시절 개울가에서 개짐빨 때 개울 가득 붉게 퍼진 그것 같기도 하다. 어마어마한 붉은 덩어리 그건 미끈하게 쭉 빠진 63빌딩 뒤로 반드시 넘어간다. 검은 물체로 우뚝 솟은 빌딩은 노을 앞에서 도도하다 못해 섹시하기까지 하고 하루를 열정으로 태우고도 마지막까지 작열한 모습으로 나를 유혹하는 건 뜨겁지만 말라는 메시지일 것이다. 넘어가는 자태 웅장하되 아름답게 너도 그렇게 저물라는,

내 가슴 안쪽으로 그렇게 지는 노을은 여전히 하지의 땡볕처럼 뜨겁기만 하다. 노을은 내게 그렇게 낙찰됐다.

말도 무기가 될 수 있다

말,
말,
말,
말이 난무하는 세상이다

말이 무섭다

나는 오래 전 너무도 철없이 산 적이 있다. 지금도 충분히 그렇긴 하지만 말이다. 그때 속없이 던진 말이 누군가에겐 무기가 됐고 한 자락 인연을 베고 말았다. 그런 적이 있어서 지금은 침묵, 묵언수행 중이다. 날아다니는 생각. 겁없이 내뱉는 말이 얼마나 무서운 무기인지를 깨닫고 난 이후 나는 아무 말을 할 수가 없어졌다. 그동안 말하기 바빠서 듣는 일을 못했었다. 고요하니 그제서 들릴 게 들리더라. 나 혼자 떠들고 말할 땐 아무 말도 들리지 않았었다.

이런 말의 혼돈은 오래 전 정치판에서부터 시작한 게

아닌가 생각한다. 방송이 또 그렇고, 최근 케이블방송에서는 종일 말이 쏟아져 나오고 말로 사람을 죽이고 살린다. 리모컨을 들고 사는 나라 안 사람들이 그 정서 닮을까 두렵다.

말,
말,
말,

말이 무서운 세상이다

조금만 수위를 낮췄으면 좋겠다. 천천히 말하고, 조금만 말하고, 조용히 말하고, 작게 말하고,
말도 무기가 될 수 있다
날아다니는 생각을 잡자.

작은 프레임 안에 너를 넣고

모자이크로 너를 채운다

밑그림 채워 가는 동안 당연히 얼룩도 어둠 든 그림자도 있겠으나

나, 두렵지 않다

폭우로 쓸려 가면 또다른 삽을 들고 또박또박 퍼즐 채워 낼 것이고

내 운명 닿는 날 새날 새 프레임에 나는 모든 걸 또다른 빛으로 오게 하고 싶다.

불안이 전력질주다

쫓는 자와 쫓기는 자 사이
창공을 곧게 날면 수리한테 곧 잡히게 된다
불안의 굴레 之, 갈짓자는 수리로부터 보호될 수도 있다
가끔 인생은 그런 고난이 삶의 윤활유이고
쫓는 자의 추적하는 몰입은 성공의 척도다
쫓기는 자의 불안은 전력질주고.

블랙의 유혹

향기에속고블랙에유혹당한,

한모금식도를타고내려가는그것으로인해카타르시스가왔고젖은나는악마의유혹뿌리칠이유가전혀없었다이게매번유혹당해주는이유다

내혀는이미그것에중독돼있고달콤쌉쓰름한블랙에속고향기에또매혹당하는나는커피의여자다

이모두는블랙안의향기에든한페이지그리움때문이다.

약속

누추한 게 약속이다
약속은 지키라고 있는 게 아니고
그 자체가 게임일 뿐이다

누구는 생각조차 않는 약속을 누군가는
그 게임의 룰을 몰라 평생 지키려 애를 쓰며 인생까지 바친다

애초부터 배신을 배고 있고 눈물을 낳는 게 약속이다

약속은 약속이 되는 순간 지키는 게 아녔다.

늪은 생존이다

지금 이 순간도 생존을 위한 약육강식이 존재하는 곳 늪은
어둠이 오면 더욱 극심한 긴장으로 고요가 흐른다
더러는 휴식 중인 광합성작용 같은 것도 있지만
소리 없이 미끄러지듯 움직이는 독사가 노리는 한 방은
시시한 청개구리가 아니다
그가 노리는 건 늪의 고요다
고요를 노리는 그 순간 풍요롭고 자유로웠던 늪은
순식간에 차가운 공포가 엄습하고 순리가 깨진다,

빛은 또 다시 아침이다
그때 늪의 얼굴은 새로운 시작으로 있다
만년 늪은 그렇게 왔고 또 그렇게 갈 것이다
번식의 늪은 악마도 존재한다
그 속에 나또한 송사리 한 마리로 풀섶 밑에 숨어 천년을 왔다

진리다.

난독증의 행복

말이 난무하고
넘쳐나는 평론이 춤을 춘다
나는 지금 난독증이다
두 줄 읽으면 이미 내 영혼은 동화나라에 가 있다
그게 여간 좋은 게 아니다

읽은 게 없으니 아는 게 없고
아는 게 없으니 말할 게 없다
말한 게 없으니 고요해서 좋고
아는 체로 기웃거릴 일이 없어 편안하다

세상은 지금 어지럽다
쏟아지는 정보로 어지럽고 감투 쓰자고 드잡이하는 게
홍수를 이루다 못해 댐이 터질 지경인 게 무섭다

그 댐에 실려 떠내려가고 있는 사람이 보이지 않는가?

난독증, 그 섬이 좋다.

목소리만 있는 게 젊음이다

푸른 여름의 갈대숲은 볼 줄 알아도 가을 풍광 속 멋스런 갈대의 생리 알지 못하는 게 젊음이다

서걱거리며 흔들려야만 하는 갈대를 손가락질하는 목소리가 젊음이고.

블랙은 휴식이다

아프다
앓는 게 고단하다

편도가 붓고 인후염이 있고
갑상선항진증으로 수술을 하고 또하나의 갑상선엔 결절이 꽃을 피우고 있다
지방간이 자꾸 겁을 주고
담석이 심심한지 지 맘대로 돌아다니며 그림을 그려댄다
큐피트의 화살 맞은 염통은 가끔씩 고통을 호소하고
알레르기성 비염으로 괴롭다
나뭇가지가 떠다니는 눈도 안과를 고파하고
퇴행성관절염으로 뼈를 앓는다

이 모두의 고단함에서 견디다 못해 지치면 生을 놔 버리려 한다 그건 귀찮음이다

블랙은 죽음이고 죽음은 나에게 휴식이다.

연초록엔 노랑이 세들어 살고

영롱한 아침 햇살의 연초록엔 노랑이 세들어 살고 노랑은 사랑이다. 8월의 뙤약볕은 생존을 익히느라 혹독하고 저녁노을엔 원초적 본능이 들어 있다. 세 살 아기 걸음마는 노랑이고 전쟁의 8월은 청춘이다. 다시 노을 같은 저녁은 여든 살 본능이 들어 있고.

어느 한적한 바닷가에 그리움을 퍼트리고

늙으면
어느 한적한 바닷가에 그리움 퍼트리고 그곳에 머물고 싶다.

늙으면
아궁이에 불 지펴 놓고 거기에 고구마 구우며 도란도란 작업질도 해 보고 싶고.

늙으면
한 방울 이슬로 돌아갈 때까지 서울 시내가 다 내려다보이는 옥탑방에서 소꿉장난하듯 도란도란 그렇게 살아 보고도 싶다.

붉은 노을이 나를 홀릴 때

63빌딩 너머로 노을 질 때
그 실루엣 하도 섹시하여 나는 그만 노을에 홀리고 말았다
우뚝 솟은 그것이 나를 강간해 버리고

첫경험, 그 순결의 붉음은 하늘 가득 퍼졌다.

詩人이 닦은 길

詩 속에 길이 있다
그 길로만 시인은 걷고 달린다
가다 보면 사하라사막같이 건조하고도 척박한 감정을 만날 때도 있다
가끔은 홍수로 범람할 때도 있고
그건 둑을 터트리기도 하고 위험으로 내몰리기도 한다
그렇거나 말거나 시인은 그리로만 길을 냈고 걸어왔다
잘 길들여진 그 질곡의 세월도 나중엔 道로 오더라
간혹은 질투 당할 때도 있지만 말이다

그래도 살 만했다

헤픈 게 사랑이다

헤프고 싶다 헤픈 게 잡초처럼 무성하고 싶다

억새같이 갈바람에 서걱거려도 헤플 수 없는 단단함이 아프다
물러야 하는데 무른 듯 빈틈이 있어야 하는데
그렇지 못한 게 병으로 왔다

헤프고 싶다 헤픈 게 무리지어 한꺼번에 흔들리고 싶다

마수걸이

작년그러께석달그믐의마수걸이는새로운인연맺음이었고어제정월초하루의마수걸이는이불속에서시작됐다 을미년새해마수걸이는작년말에출품한신춘문예당선이고싶었는데,

결작인생에대고최고마수걸이가뭐였냐고물었더니허허웃지요.

민달팽이에게 집은 그립다

부슬부슬 비가 내렸고 내 몸이 축축하다
검은 아스팔트 위로 스멀스멀 기어 갔다

그때까지만 해도
민달팽이인 나에게 집이 없으니 가벼워 좋았다
잠시 후 비가 그쳤고 볕이 들기 시작했다

나는 뜨거운 아스팔트 위에 혼자 있다

점점 뜨거워지는 아스팔트 위를 더 이상 기어갈 수가 없어졌다
갈증으로 숨이 막히고 몸이 바삭바삭 마르기 시작했다, 빳빳해졌다
승용차가 밟고 지나갔다, 납작해졌다, 그리고,

비틀렸다
삐뚤어졌다

갈증의 고통도 비틀림도 그건 곧 편안으로 왔다
더듬이를 눕혔고 흰 수염은 꼬였다

비록 껍데기일지라도 집이 그립다.

코드 1

전화가 걸려왔고 실종신고다

나는 당신의 치매입니다 영혼 아름다운
일급살인과 같은 취급 실종신고 '코드 1' 이다

아지랑이 같은 내 영혼은 자유할 뿐인데.

진흙으로 말한다

진흙에 빠진 수레바퀴마냥
나는 내 인생에 푹 빠져 있었다
한 발자국도 움직일 수 없었던 그 무거움은
검정 비닐봉지를 뒤집어쓰고 칠흑같이 어둔 터널을 걷는 것 같았다
언제 달려들지 모르는 기차까지를 상상해 보라
그 진흙 걷어 내니 가볍기가
잠자리 날개 같았다
뭘 더 근심하랴

道를 업고 논다.

아직 자작나무숲이 알래스카다

빙하가 녹아 쏟아지는 물이 폭포를 이루고 북극곰이 잠든 알래스카 양지에는 원주민들이 비 맞은 비둘기처럼 옹기종기 모여 있었다

자작나무숲이 노란 단풍을 서두는 9월 초입 북극은 얼음 밟고 겨울잠을 청하고 있었다

이듬해 봄, 또 싹을 틔울 테지만 절반을 실패한 빙하는 여전히 눈물로 호소하고 있는데

그럼에도 불구하고 머리 검은 짐승들은 지구에 대고 갑질만 해대고 있었으니

미련한 게 사람이다.

못을 쳐댔다

지면 죽는다

못을 박는다
딱딱한 시멘트벽에 못을 쳐댔다
쑥쑥 벽을 뚫고 들어간다

못 끝은 칠흑같이 어둔 벽 속에서
반딧불처럼 반짝반짝 빛을 내기 시작했다
자체발광,

지면 죽는다

생각의 빛 열정의 빛
빛을 따라갔다

못을 쳐댄다 사정없이.

깨워라 날,

깨웠다 날,

호기심 가득 저 너머

봄볕 속 아지랑이 피어오르듯
내 안의 '자아'를 깨운다

흔들어라.

빛의 주님

호사다마(好事多魔)라고
좋은 일 한 번 오면
반드시 고통 있게 하시고
기쁨 한 뼘 뒤 또 상처 주시는 주님

제 인생으로 낙서하시고
제 삶에 주인으로 오시는 주님
모든 건 주님 것입니다
초크 하나 지나가는 것조차도,

거기 주님 낙서에
빨판 센 낙지 같은 詩를 씁니다

그러나 아무도 믿지 않습니다
다만 의지할 뿐.

몽당빗자루 같은 유화붓으로

허름하고 낡은 붓을 들었다

붓끝이 닳아 뭉뚝하다 못해 일부는 굳어서 빳빳하기까지 한 붓을 들었다

그래서 더 거친 노을을 그릴 수 있었던 막대기 같은 유화붓이 오늘 꼭 나 같다

내 맘에 쏙 드는 노을을 그려 놓고 거기에 검은 빌딩들을 하나둘씩 떠밀었더니 둥둥 떠다니는 게 구름이다 구름도 검은 섣달그믐 저녁

노을도 차다

붓을 빠트렸다.

하나가 오면 하나가 떠나듯
누군가는 지나가고 누군가는 또 앓는다

피눈물, 한 장의 종이*로 닦았어요

그 종이 뜨거워서 만질 수도 없었습니다

이제 눈을 떠요, 살을 에는 듯한 싸락눈은 지나갔습니다

눈물, 한 토막 추억으로 밟았습니다 이후 어떤 이는 앓고 있고

밖은 또 눈이 오네요 매화꽃송이만한 함박눈으로 쏟아지고 있습니다

* 종이 : 시를 의미.

풍경

골목 초입엔
하얗고 낡은 깃발이 꼿꼿하게 서 있었고
그건 만신집이었다

허름하다 못해 칙칙한 골목은
어느 영화 속 전쟁고아가 금방이라도
도망 나올 것 같은
아주 비좁은 골목이었다

골목이 끝나는 지점 막다른 집
파란 대문이 열려진 사이로 마당에는
작은 텃밭이 보였다
10월의 마지막 날
배추흰나비 날 일 없는 텃밭엔
곧 김장할 배추들이 짙푸르렀다

(작가는 이미 한 컷의 '파란대문집 사진'으로
대형 스크린을 누벼대고 있었다)

담장 넘은 감나무 이파리 뒤
숨어 있는 단감이 꽃 같고

앵글 안으로 찍혀 들어오는
한 컷의 흑백사진들이
이야기가 됐다. 풍경,

단테의 생각을 훔치다

잠시 단테의 생각을 훔치고 소크라테스의 철학으로 낙서하니 늙는 게 이렇게 편안할 수가 없다

이웃과 같은 생각으로 있을 땐 부끄러운 줄도 모르고 내 교만만 키우느라 정신 없었는데 그 너머 너머에 머물게 되면서부터 그깟 교만? 더 이상 내 게 아녀도 됐다

그 평온의 검은 수면은 고요하다못해 마치 흑경(거울) 깊이 같아졌다.

| 해설 |

'도(道)'로 수렴돼가는 본원적인 '끼'의 넘치는 에너지

'도(道)'로 수렴돼가는 본원적인 '끼'의 넘치는 에너지

이경철

(문학평론가)

억제/ 억압 뒤// 그 비틀린 욕구는 끓는 용암과 같았다/ 그걸 넘어선 체념 뒤 해체/ 모든 건 거기서부터 시작이었다// 그 뒤, 올 게 그제서 오더라/ 천문이 열리고. (「체념에서 봤다」 전문)

시와 삶의 본질로 직격해가는 시

홍순미 시인의 일곱 번째 시집 『붉은 립스틱』을 단숨에 읽었다. 적잖은 시편들인데도 쭉 읽히며 숨막힐 정도로 박진감이 넘쳤다. 에너지가 넘치고 추진력이 대단한 시인이다. 시와 사상과 삶 등의 큰 주제, 우리네 삶과 우주 삼라만상의 도(道), 그 궁극(窮極)을 돌리며 노는 시인이다.

사람의 타고난 천성 혹은 끼에 정직한 시들이다. 팜므파탈, 치명적으로 즉물적이고 순정적인 시편들이다. 사유와 행동이 동시다발적으로 피어나는 시, 본능과 도와 언어가

결합된 시, 시 텍스트 자체로 예술의 즉물적 질감을 드러내며 마티에르가 되고 있는 시편들이다. 시인과 시와 언어들이 분간 없이 섞여 자체발광하고 있는 시편들이니 읽는 내내 숨을 턱턱 막히게 하며 경탄을 자아낼 수밖에 없는 시집이다.

자체발광하고 있는 시편들이기에 독자들에게 즉물적으로 다가간다. 해서 그 어떠한 해설도 따로 필요 없이 우리네 생래적 본능에 척척 감기는 시편들이다. 이런 시집에 해설을 더하자니 딱하기도 해라. 그저 시편들을 몇몇 묶음으로 분류해 시집을 따라 읽어가며 느낀 점을 즉물적으로, 솔직히 토로할 수밖에.

아니 딱한 것이 아니라 이런 자세가 평론의 본분일 것이다. 시가 있어야 평론이 따르는 것이다. 그런데 요즘 적잖은 평론들이 앞서가며 이리저리 시를 이끌어가려하고 있는 것이 문제이다. 의미나 이론에서 벗어나 원초적, 본질적 삶을 되돌려주려는 시를 다시 이론으로 가둬넣는 평론들은 분명 문제다. 그런 해설이나 평론은 시를 살해하는 것이다.

2003년 등단한 홍순미 시인은 처녀시집 『바코드 여인』을 시작으로 이번 시집까지 7권의 시집을 펴냈다. 등단 12년에 시집이 일곱 권이니 참 부지런하다. 시인이며 소설가, 여행작가이고 화가이며 바리스타 등 다방면에서 활동하고 있기도 하다.

시인은 "파란만장한 삶은 온전히 내면의 끼로 분출, 폭발

되었고 게워내지 않으면 안 될 만큼 뭔가가 거푸거푸 기어나와 쓴 게 그간의 시들"이라 토로하고 있다. 또 "습작시절 원로시인들의 시들을 패러디하며 시를 공부했다"고도 털어놓았다. 4번째 시집 『나는 뱀이다』의 표제시도 그런 패러디 시인데 그 출처를 안 밝혔으나 최근 표절시비를 보며 이번 시집에서는 꼭꼭 '주'를 달아 밝혔다고도 한다.

시인은 지금까지 여러 종류 여러 편의 시를 발표, "홍순미의 시세계에는 다양한 영역이 자리 잡고 있다"며 "나비의 자유로움으로 그 영역 사이를 누비면서, 탈경계의 시선으로 실재를 모색한다"는 평을 들어왔다. 그런가 하면 "본능의 구석구석을 관찰하면서 생명이 싸고 있는 시간의 껍질을 벗겨내기에 이른다"며 "시적 본질을 추구하는 시인"이란 평도 듣고 있다.

그렇다. 이번 시집을 보며 홍순미 시인은 나비같이 자유롭게 안과 밖, 언어와 실재 등 상대되는 그 모든 영역을 오가며 그것을 분간 없이 일치시켜버리는 시와 삶의 본질로 직격해 가는 시인이다. 프롤로그로 올린 시처럼 개념이나 기성 지식, 체제의 억제와 억압을 무장해제 시키고 거기서 출발, 천문을 열어가는 시인이다. 이 시집에서 그 천문은 하늘의 문(天門), 도로 들어서는 문이면서 하늘의 글(天文), 언어와 실재가 분리되지 않은, 도를 솔직하고 천진스레 반영하는 문자이다.

도의 문을 열어젖히는 단순 솔직함의 추동력

눈웃음 속으로 크고 검은 눈동자가 숨어 버렸다
겹눈의 잠자리마냥 살포시 날아와 앉았던 그의
손길은 이미 떠날 채비로 있고,

이후 그는 어디로 날고 앉았는지 나는 전혀 알지 못했다
언제 또 여기로 다시 날아올지도 나는 여태 모른다

찬 이슬 내리기 전에 다시 왔으면 좋겠다
'道'.

—「겹눈의 잠자리같이」 전문

1차 독서에서는 잘 짜인 한 편의 연시(戀詩)로 읽히는 시이다. 이별의 아픔을 잘 다스리면서 있는 그대로의 심경을 토로하고 있는 시이다. 덕지덕지 분칠한 감상 과잉이나 아픔을 너무 과장해 자학적으로 나가는 다른 시인들의 그 흔한 이별 시편들과 비교할 때 담담해서 오히려 더 청량한 시이다.

그러나 단 한 글자를 별행으로 독립시킨 마지막 행 '도(道)'에 이르러 다시 읽어보니 단순한 연애시 만은 아니다. 만나고 헤어지고 다시 만나기를 바라는 그 연애의 대상은 연인을 넘

어 '도'이다. 범박하게 말하면 우리네 인간은 물론 우주 삼라만상이 순항하는 길이며 원리인 도를 주제로 내세우며 내장하고 있는 시이다. 그렇다면 우주 질서의 최고 개념, 고단위 관념인 도란 무엇인가. 시인이 낸 길, 시를 따라가며 도를 들여다보자.

"빛이 의식을 꺾고/ 난다// 그럼에도 불구하고/ 마법의 날갯짓은 가벼웠다/ 천 리를 가도 가벼운 건/ 빛이다// 무거움을 놓고 빛을 만진다// 건방이 비웃고 있었다." (「건방이 웃는다」 전문)

'의식을 꺾고 나는 빛의 마법의 날갯짓'이란 이미지와 "건방이 비웃고 있었다"는 진술에서 언뜻 세계적인 비디오아티스트 백남준의 예술 작품과 "예술은 사기다"라는 그의 말이 떠오른다. 낡은 TV 모니터들이 푸른색 등 형형색색의 빛을 발하며 정원에 놓여 있는 〈TV 정원〉이란 작품을 감상하자니 마치 천국의 정원에 와 있는 것 같았고 그런 모니터들의 빛들이 사다리를 타고 올라가는 〈야곱의 사다리〉를 감상하면서는 나도 그 사다리를 타고 하늘로 오르는 마법 같은 체험을 한 적이 있다.

백남준은 자신의 그러한 예술세계를 '사기다'라고 명쾌하게 자가진단 내렸었다. 그렇담 그가 말한 사기란 무엇인가. 기존의 관념을 보기 좋게, 건방지게 깨부수고 우리 모두를 천진난만의 원초적 세계로 다시 데려가는 것일 게다. 기성과 기존의 지식이 켜켜이 쌓인 의식의 무거움을 벗어버리고 빛으로 돌아가는 것, 그런 빛을 천진난만하게 펼쳐 보이는 것이 백남준이 말한 사기이고 도일 것이다. 「건방이 웃는다」도 그런 사기, 그런 도의 지경을 넘보고 있는 시로 내겐 읽혔다.

"내려갈 때 보았네/ 올라갈 때 보지 못한/ 그 꽃". 내설악 백담사 입구에 시비(詩碑)로 세워진 고은 시인의 시 「그 꽃」 전문이다. 백담계곡을 걸어 올라가 그 시를 만났을 때 "어, 이 시인 또 사기치고 있네"란 생각이 퍼뜩 들었다. 연령대는 무시하고 나와는 격의 없이 지내는 술친구, 주붕(酒朋)이라 그 짧은 절창을 보고 그런 생각이 들었을 것이다.

이 짧은, 사기 같은 시를 쓰려 시인은 또 얼마나 자신의 전 생애를 걸고 경탄했을 것인가. 하여 "산은 산이요, 물은 물이다"는 고승들의 법어를 꽃 한 송이의 실물로 천진난만하게 잡아내고 있지 않은가.

"걸어온 길〔道〕이/ 하도 지랄 같아서 道를 씻는다// 오물에 얼룩진 허물은 벗어던지고/ 삐뚠 길은 바로설 수 있게/ 등 떠밀어 바로 세워 놓았다/ 망치를 들고 있던 나는 못질을 해댔고/ 뭉크의 그림을 높이 걸었다// 그 길〔道〕을 걸어 나와/ 道가 道를 닦을 수 있게/ 道를 씻었다// 그랬더니 환한 빛이 바로 들어왔다" (「道를 씻는다」 전문)

도를 닦고 있는 시이다. 도를 닦아가며 도를 위 시 「건방이 웃는다」에서처럼 '빛'으로 보고 있는 시이다. 도의 원조인 노자는 "도가도비상도(道可道非常道)"라 했다. 가히 말로 전할 수 있는 도는 불변의 도가 아니란 말이다. 그래서 도의 경지는 언어로 전할 수 없어 부처님과 수제자 가섭은 염화미소(拈華微笑)의 해프닝을 펼쳤고 불교의 선가(禪家)에서는 언어도단(言語道斷)이란 말이 나오지 않았겠는가.

그러나 언어를 매체로 하는 시에서는, 그리고 다른 예술도 그런 도의 지경을 어떻게든 드러내 보여줘야 한다. 백 프로의 지경을 다 드러내지 못할망정 그 근사치까지 가야한다. 그런 도에 다가가기 위한 깨달음과 몸부림의 길이 「道를 씻는다」에서는 드러나 있다. 지나온 길, 시인의 기성의 지성이나 관념에 뭉크의 그림 〈절규〉에서와 같이 소스라치게 절규하며 거기서 벗어나고 있다.

"말이 난무하고/ 넘쳐나는 평론이 춤을 춘다/ 나는 지금 난독증이다/ 두 줄 읽으면 이미 내 영혼은 동화나라에 가 있다/ 그게 여간 좋은 게 아니다// 읽은 게 없으니 아는 게 없고/ 아는 게 없으니 말할 게 없다/ 말한 게 없으니 고요해서 좋고/ 아는 체로 기웃거릴 일이 없어 편안하다// 세상은 지금 어지럽다/ 쏟아지는 정보로 어지럽고 감투 쓰자고 드잡이하는 게/ 홍수를 이루다 못해 댐이 터질 지경인 게 무섭다// 그 댐에 실려 떠내려가고 있는 사람이 보이지 않는가?// 난독증, 그 섬이 좋다." (「난독증의 행복」 전문)

그렇다. 우리는 지금 정보의 홍수에 떠밀려가고 있다. 지하철에서도, 걸어가면서도 정보를 취득하고 전하는 시간은 있는데 정작 우리네 삶의 시간은 갖지 못하고 있다. 그런 정보며 기성의 지식들 다 날려버리고 우리네 본원적 삶, 비록 그게 현대사회와 단절된 '섬'일지라도 그런 삶과 시간과 공간으로 돌아가자 절규하고 있는 시가 「난독증의 행복」이다.

본질로, 도로 돌아가는 것, 그것은 솔직히 토로함에 있다는 것을 이 시는 보여준다. "산은 산이요 물은 물이다"고 단순, 솔직하게 토로하는 것, 그것이 도에 이르는 첩경임을 드러내고 있는 시이다.

"수시로 뇌에 낙서를 해댔고 엉망진창 뒤죽박죽인 뇌를 청소해야겠는데 구석구석 혼돈이다// 뇌밭에 오래 전 파종해 놨던 낙서들을 죽비로 깨우니,// 헛청을 비워라. 헛간을 비워야 채워질 게 채워진다. 길이 난 곳으로 배설하고 새로 낸 길로 새것을 들여라// 뇌를 비워라." (「헛간도 비워라」 전문)

따로 설명이 필요 없는 시이다. 시인이 솔직하게, 직설적으로 청하는 메시지는 "뇌를 비워라"이다. 자기 안에 학습되고 터득된 모든 것, 대상에 씌워진 기성의 의미 등 모든 것을 비워라는 것이다.

동양의 선(禪)은 무언(無言)으로 오래전에 터득한, 서양에서는 칸트의 '순수이성'과 '선험(先驗)'이라는 고단위 관념의 근대철학을 넘어서 '자기 자체', '대상 자체'의 생생한 본질로 넘어와 현대철학을 열어젖힌 현상학적 환원을 하고 있는 시가 「헛간도 비워라」라는 시로 내겐 읽힌다.

"공격성이 보이지 않을 때 둘은 놀이가 성립된다. 어느 한 쪽이 사나우면 '놀이'는 지속될 수 없다. 같은 道라도 날선 道의 끝에는 나비 앉을 리 만무한 일이고 무지의 뭉뚝한 돌 엉덩이엔 사나운 호랑이도 경계를 풀고 간혹 코를 곤다. 내가 입고 있는 道는 작은 것에도 민감한 반응을 한다. 그건 아직 땡감 수준? 몽실몽실 털 많은 양의 등이 되어야 할 텐데나, 아직 道랑 놀기엔 서툰가 보다. 눈도 좀 더 많이 쳐져야 할 것 같고." (「놀이로 온 道」 전문)

'도'를 가지고 노는 시이다. 홍 시인은 이렇게 도를 가지고 놀 줄 아는 시인이다. 시인의 말에 따르면 "시를 쓰고 또 쓰면서 용암처럼 끓던 끼는 서서히 도로 넘어오고 있다"고 한다. '끼'가 '도'가 돼 가고 있어 시인의 시는 관념적이지 않고 생래적이고 구체적이다. '끼'를 과장하지도, 수식하지도 않고 그대로 드러냄으로써 아직 서툴지라도 도의 지경을 넘보고 있는 것이다.

"가지런히 깃털을 눕히고 혼자 서 있었다// 하루해가 뜨고 지고/ 고독을 눕히고 재우는/ 빠르지 않은 걸음으로 기(氣)죽지 않을/ 자태로 감히 상대의 아우라(?)를 밟고 서 있자니,// 단 한 번 내지를 소리 고독의 억압은/ 천둥과 같으니 천지가 개벽할// 다시 하얀 깃털을 눕히고/ '너는 누구냐?'/ 지붕 만한 날개가 펴지고 날갯짓 두어 번에/ 하늘, 깊숙이 뚫고 들어간다/ 어디메 날고 있는 걸까?/ 보이지 않았다// 먹물 푹 찍어 꼬리를 마저 그려 넣으니/ 한이 학(鶴)이 됐다." (「한이 학이 되어」 전문)

학을 소재로 한 시이다. 그런데 이 학이 4연에 오면 노자의 도통(道統)을 이은 장자의 붕새 우화를 떠오르게 한다. 활짝 펴면 하늘을 다 덮는 큰 날개로 한 번의 날갯짓으로 9만리 창공을 날아오른다는 붕새. 시인은 도통한 시로서 붕새를 낚으려 한. 시로 건곤일척(乾坤一擲)의 승부를 걸려한다.

우리네 한(恨)을 학으로, 붕새로, 도로 승화시키려는 승부를 시에서 걸고 있는 것이다. 우선 자신의 뇌를 비우고 대상도 곧이곧대로 바라보고 진술하는 현상학적 환원의 자세로 도에 다가서려하고 있다. 공허한 관념의 도가 아니라 살며 쌓일 수밖에 없는 한과 생래적인 끼라는 구체를 디딤판으로 하여 도의 무한창공으로 박진감 넘치게 날아오르려 하고 있다.

타고난 끼로 삶의 본질을 돌파해가는 박진감

별 거 아닌 게 삶이다

너머에 너머는 아무 것도 없었다

관통한다.

—「관통한다」 전문

참 호쾌한 시이다. 삶의 본질을 3연 3행의 짧은 시로 꿰뚫어버리다니. 앞에서 살펴본 고은 시인의 「그 꽃」과 같이 읽어볼 때 이 시에는 우선 에너지가 넘친다. 반성하며 곱씹어볼 여유 없이 그대로 즉물적으로 본질에 직격해 들어가는 박진감이 넘친다. 이번 시집의 두드러진 특징 중 하나가 이렇게 타고난 끼로 본질을 직격해 들어가는 박진감, 에너지가 넘친다는 것이다.

"지면 죽는다// 못을 박는다/ 딱딱한 시멘트벽에 못을 쳐댔다/ 쑥쑥 벽을 뚫고 들어간다 못은,// 못 끝은 칠흑같이 어둔 벽 속에서/ 반딧불처럼 반짝반짝 빛을 내기 시작했다/ 자체발광,// 지면 죽는다// 생각의 빛 열정의 빛/ 빛을 따라갔다// 못을 쳐댄다 사정없이." (「못을 쳐댔다」 전문)

별연으로 처리한 "지면 죽는다"가 반복되고 있다. 지면 죽을 만큼 절박한 한계상황을 강화하기 위해 연으로 독립시킨 것으로도 모자라 반복하고 있는 것이다. 시인의 시는 그런 한계상황에서 살려고 용을 쓰는 시이기에 에너지가 넘치는 것이다.

그렇다면 '무엇에' 지면 죽는다고 했는가. 시의 문맥을 따라가면 못을 박는 것에 지는 것, 즉 시멘트에 못을 못 박는 것이다. 혼신의 힘으로 못을 기어코 박는 '행위' 자체가 그러므로 시인을 살린다는 것이다. 시멘트나 콘크리트 벽에 못을 박으면 잘 안 박히고 불꽃이 튄다. 그런 이미지에 착안, 시인은 못 박는 행위 자체가 반딧불처럼 자체발광 한다고 보고 있는 것이다.

"생각의 빛 열정의 빛/ 빛을 따라갔다"고 했는데 이 시 속에는 물론 이번 시집 시편들에 열정의 빛은 넘칠지 몰라도 생각의 빛은 찾아보기 힘들다. 거개의 시편들이 생각의 겨를 없이, 아니 생각을 지워버리고 사정없이 못을 쳐대듯 즉물적으로 호쾌하게 나가고 있다. 그래서 시인의 시에는 박진감과 에너지가 넘치는 것이다.

"페달을 밟아댔다/ 브레이크 고장으로 과속이다/ 돌부리도 거침없고/ 진흙탕 속으로도 멈추질 못하고 덤벼들었다/ 금방 코앞에서 쏟아질 줄 모르고 밟아댄 페달은/ 살짝 들어올린 치맛자락 속곳 다 보인 상태서 처박혔다/ 고꾸라진 꼬라지 호탕하나/ 툭툭 털고 일어나면 끝인데,// 페달을 밟는다." (「고장 난 브레이크」 전문)

시인의 즉물적 열정, 브레이크 없는 과속의 끼가 그대로 드러난 시이다. 이 시에서 브레이크는 열정의 과속을 제어하는 반성적 기제일 것이다. 역사와 사회가 제도화된 보편적

상식내지 염치 정도일 것이다. 시인은 그런 기제를 철저하게 거부, 해체하며 원초적이며 본질적인 삶으로 브레이크 없이 질주하고 있다.

이 시의 눈구멍, 시안(詩眼)이며 독자도 교감하며 추임새를 넣어줄 수 있는 숨구멍 대목은 "툭툭 털고 일어나면 끝인데" 이다. 얼마나 많이 처박혀 허우적거렸으면 이런 말이 즉물적으로 터져 나왔을 것인가. 그래, 시인은 너머의 너머엔 아무 것도 없으니 그냥 관통하라 하지 않았겠나. 깊은 생각의 끝에 얻은 지혜가 아니라 삶 자체, 행위 자체로 얻은 시인의 자체발광하는 도이기에 쉽고도 구체적으로 교감의 폭을 넓힐 수 있는 대목이 바로 "툭툭 털고 일어나면 끝인데" 이다.

"벽 하나 사이 안과 밖이 있고/ 그 사이 선악은 끝과 끝 사이 경계선/ 두껍거나 얇거나 벽인 건 같다/ 두께와 관계없이 그 난간은/ 천 길 낭떠러지와 같고 벽은 벽일 뿐/ 억겁의 벽으로 오는 모든 건 무거웠다// 그것도 모르고 나는 매번/ 해맑게 웃었다 혼자서." (「벽」 전문)

시와 시인의 본질이며 본성을 들여다볼 수 있게 하는 시이다. 그러면서도 시인의 시가 여느 시인들의 시와는 달리 왜 도에 가까워 호쾌하고 호방한지도 가늠해볼 수 있게 하는 시이다.

두 연으로 나뉜 이 시는 뒤 연에서 확 반전을 꾀하고 있다. 선과 악을 나누는 벽, 모든 것을 상대 개념으로 나누어 갈등

하는 2분법은 도가 아니다. 지혜가 쌓인 사회 제도가 나눈 것이다. 인간이 나눠 그것을 위태롭고도 무겁게 지고 사는 것이다. 앞 연에서는 그런 인간의 상황을 체험에서 드러내고 있다.

그러나 시의 본질은 너와 나 등으로 나뉜 그런 2분법을 깨고 원래의 한 몸으로 끌어안고 돌아가는 것이다. 그럼에도 적잖은 시인들의 거개의 시편들은 이 시 앞 연의 지경에 머무르며 애증의 갈등을 표출해내고 있다. 그러나 이 시 뒤 연을 보시라. 2분법을 무시하고, 아니 모르고 해맑게 웃고 있지 않은가.

이 시를 보며 나는 홍 시인은 사유와 행동이 일치하는 시인임을 확신할 수 있었다. 아니 과속으로 달리거나 맑게 웃는 행동 자체의 에너지가 사유이고 예술이고 시라는 것을 확인할 수 있었다.

"너무 거대해서/ 꽈리조차 틀지 못하는/ 아나콘다를 이고 있고/ 움푹 들어간 눈의 깊이만큼/ 요묘하며 깨끗한,// 낙한 것과 맑은 것을 동시에 가지고 놀 줄 아는 여자는/ 오히려 청초하나 사람들은 처음 그걸 '순진'으로 착각하고 자극한다/ 잘 지켜보고 있던 모든 건 한순간 괴력/ 그 모든 건 예술의 혼일 뿐 그것도 아직 다 건드리지 못한 상태인데/ 사람들은 서둘러 착각으로 있다/ 이고 있는 아나콘다 내려놔 봐야 그 괴력 알려나?/ 예술, 아직 그것도 다 떠먹어 보지 못했는

데,// 배가 고프다." (「괴력의 여자는」 전문)

별연으로 독립시킨 "배가 고프다"는 말은 익히 들어본 말이다. 서울 월드컵대회에서 한국 축구를 세계 4강까지 올려놓은 히딩크 감독의 말로 온 국민의 귀에 익숙한 말이다. 앞서 살핀 대로 요즘 표절시비로 시인은 한층 예민해졌는데 이런 것은 표절도 아니고 기성 작품을 인용해 영 다른 방향, 다른 주제의 시를 쓰는 현대시의 한 기법인 패러디도 아니다. 그저 자연스레 배가 고프다는 말이 터져나왔을 뿐이다.

이번 시집의 많은 시편들은 말이 미처 따라잡지 못할 정도로 에너지, 열정이 솟구치고 있다. 그래 시를 읽으며 그 과속의 에너지로 숨이 가쁠 정도라고 한 것이다.

정말 이번 시집으로 보아 이 시 제목처럼 '괴력의 여자'가 홍 시인이다.

그 괴력으로 예술의 혼, 시의 본질을 향해 사정없이 못질하고 있는 행위가 이번 시집이다. 아직도 배가 고프다며 예술의 본질이며 원초적 세계이며 도를 향해 끊임없이 넘치는 에너지로 숨가쁘게 돌진하고 있는 게 이번 시집이다.

치명적인 그리움에 유혹당한 팜므파탈

63빌딩 너머로 노을 질 때
그 실루엣 하도 섹시하여 나는 그만 노을에 홀리고 말

았다

우뚝 솟은 그것이 나를 강간해 버리고

첫 경험, 그 순결의 붉음은 하늘 가득 퍼졌다.

—「붉은 노을이 나를 홀릴 때」 전문

참 섹시한 시이다. 붉게 타는 노을 속에 우뚝 솟은 63빌딩 이미지에서 '강간'이며 '첫 경험'을 연상하는 것은 시인만의 성정, 개성은 아닐 것이다. 다만 홍 시인은 그런 관능을 거리낌 없이 표출하는 그 자세에서 원초적으로 시적이다.

"어마어마한 붉은 덩어리 그건 미끈하게 쭉 빠진 63빌딩 뒤로 반드시 넘어간다. 검은 물체로 우뚝 솟은 빌딩은 노을 앞에서 도도하다 못해 섹시하기까지 하고 하루를 열정으로 태우고도 마지막까지 작열한 모습으로 나를 유혹" (「도시의 건물 뒤로 지는 노을」 부분)한다며 그런 섹시한 이미지는 시인을 직접 유혹하기까지 한다.

자신이 연상한 이미지에 실제로 유혹당하는 이 황당함이라니. 대상에 자신의 욕구를 덧씌우는 감정이입을 넘어 직접 행동에 들어가는 저돌적인 막무가내가 시를 원초적 애니미즘의 에너지가 넘치게 한다.

하여 시인은 같은 시에서 "내 가슴 안쪽으로 그렇게 지는 노을은 여전히 하지의 땡볕처럼 뜨겁기만 하다"고 실토하고 있지 않은가. 그래서인가. 시인의 시들은 "뜨겁다// 이미 몸이 울고 있다". 해서 치명적인 사랑, 팜므파탈적 끼를 다분히 내포하고 있다.

"메뚜기 알에 알을 낳는 말벌같이/ 나에게도 그런 해충 같은 이가 존재했다/ 그가 그런 줄도 모르고 나는/ 어미 잃은 오리새끼마냥 졸졸 따라다녔다/ 혼자 꿈꾸고 혼자 정착하고 그렇게 몇 해를 왔는지 모르겠다/ 그가 말벌의 존재라는 걸 정확히 알게 된 건 얼마 되지 않았다/ 한 지역에만 소나기 퍼붓는 것같이 이미 나는 그의 블랙홀에/ 깊이 빨려들어가 버린 상태가 됐고 대책이 없었다/ 낭패 치고는 참으로 난감했다/ 내 안의 나를 수천수만 마리의 메뚜기 떼로 날게 하는 수밖에 도리가 없었다/ 날마다 알을 낳고 부화시켰다/ 말벌은 역시 일시적으로는 금방 비대해졌는지 모르겠지만 오래 가진 못했다/ 내가 낳은 알 중 간혹은 살충제 먹은 메뚜기알도 있었기 때문이다/ 꾀로 사람을 부리려 했던 게 낭패가 된 말벌을 히떡 자빠트려 버린,/ 이내 날지 못했다/ 발랑 나자빠진 말벌, 나는 버둥거리는 두 날개를 찢어 버렸다/ 또 다른 번식을 위해 항문 끝을 땅에 박고 알을 낳기 시작하는 다른 말벌 한 마리// 미리/ '나, 살충제 들고 있어요' 라고 선언하고 싶은데," (「메뚜기 알과 말벌 사이」 전문)

교미 후 수놈을 머리부터 아작아작 씹어 먹는 암 사마귀를 본 적 있다. 여름 태양이 작열하는 대명천지의 자연 속에서 그 광경을 보는 순간 온 우주의 운항이 멎는 듯한 충격을 느끼며 '팜므파탈' 이란 말을 되뇐 적이 있다.

그러고 보니 사마귀 말고 단 한 번 정사 후 생을 마감하는 곤충들도 제법 있는 것 같다. 사랑이란, 정사란 그렇게 치명적인 것. 목숨 걸고 하기에 아름답고 황홀한 것 아니겠는가.

종족 보존을 위해 메뚜기 알에 알을 낳은 말벌의 생태를 빈 이 시도 치명적인 사랑을 솔직하게 이야기하고 있다. 서로 잡아먹고 먹히는 사랑을. 그러면서 팜므파탈의 고전인 살로메 이야기를 떠오르게도 한다. 자신의 사랑을 받아주지 않는 세례 요한의 목을 베어 그의 입술에 키스를 하며 춤추는 관능과 탐미의 과장 혹은 극치로서의 살로메의 실루엣이 이 시에 드리우고 있다.

그러나 같은 팜므파탈이면서도 이 시와 살로메는 다르다. 이 시에는 과장이나 탐미는 없다. "그가 그런 줄도 모르고 나는/ 어미 잃은 오리새끼마냥 졸졸 따라다녔다"는 천진함에서 이 팜므파탈은 비롯되고 있다. 해서 살로메가 위악적인, 탐미적인 팜므파탈이라면 이 시는 순진하고 자연스런, 해서 시인이 추구하는 도를 벗어나지 않는 팜므파탈이다.

"향기에속고블랙에유혹당한,// 한모금식도를타고내려가는그것으로인해카타르시스가왔고젖은나는악마의유혹뿌리칠이유가전혀없었다이게매번유혹당해주는이유다// 내혀는이미그것에중독돼있고달콤씁쓰름한블랙에속고향기에또매

혹당하는나는커피의여자다// 이모두는블랙안의향기에든한페이지그리움때문이다." (「블랙의 유혹」 전문)

커피를 소재로 한 시이지만 이 시 역시 "악마의유혹뿌리칠이유가전혀없었다"는 팜므파탈류의 시이다. '악마의유혹'을 '정사 상대의 유혹'으로 바꿔 읽어도 될 시이다. 이런 류의 시인의 시에서 특이한 것은 일단은 화자가 팜므파탈로서 유혹하는 것이 아니라 당한다는 것이다.

그만큼 시인은 시적 대상을 치명적인 연애상대로, 마치 원초적 유일한 남자처럼 저돌적으로, 열정 넘치게 파고드는 것이 팜므파탈류의 시로 읽히게 한다는 것이다. 시인의 생명을 내걸고 유혹당해 파고드는 것은 이 시에서 다름 아닌 시, 시의 핵인 서정의 알파요 오메가인 '그리움'이다. 그리움에 시인은 치명적으로 유혹당하고 있는 것이다.

도와 서정이 일치하는 그리움의 시세계를 여는 순정한 열정

태를 끊는다

끊고 잇기를 반복해 오는 동안 나는 반백이 됐다

괜한 인연 돼서 씨실과 날실 엮듯 세월 엮어 오느라
분주했던 오늘이 수줍다. 잔바람에 패랭이꽃 흔들릴 때

마다 나는 왜 덩달아 흔들렸던 건지. 그래도 그때가 좋았다는 생각. 춘풍에 흔들릴 거라도 있었으니 얼마나 홍분했었던가?

이별할 거라도 있었다는 게 젊음이었다.

—「아름다움이라 말할 수 있는 이별」 전문

앞에서 살핀 시편들과는 달리 차분하고 아름다운 시이다. 브레이크를 고쳐 어느 정도 속도를 조절하고 있는 시. 자신이 과속으로, 즉물적으로 달려온 길을 되돌아보는 반성의 시공(時空)도 있는 시로 읽힌다.

그럼에도 여느 시인들의 시에 비한다면 여전히 속도감이 느껴진다. 그리고 자신의 감정에 솔직한 시이다. 그런 솔직한 속도감에 반성의 공간에서 얻어진 서정이 머리를 들고 있으니 역동감 있는 아름다움이 읽히는 것이다.

이런 시를 앞에 놓고 보니 시인이 넘치는 에너지, 본능대로의 끼를 발산하며 과속으로 달려온 것도 정신없이, 사정없이 기성의 것들을 해체하고 순수로 돌아가기 위해서였던 것 같다. 그러고 나서 이제는 때 묻지 않은, 때를 지운 순수를 이리 직설적으로 토로하고 있지 않은가. '반백'의 연륜에서 우러나는 타성적인 회고가 아니라 여전히 아직도 현재진행형으로 속도감 있게.

"늪에 사는 모든 건/ 형태가 없다/ 형태가 없는 건 아메바다/ 질퍽한 늪의 생존은 천국이고/ 진흙의 늪에 사는 나는 뼈가 없이 자라고/ 흐느적거린다/ 흐느적거리는 영혼은 Freedom! 자유다/ 자유하는 모든 건 늪 안에 있다/ 늪은 다시 천국이다/ 별이 든 낮의 물밑 풍광과 칠흑 같은 밤의 늪은 / 두 얼굴이 존재한다/ 그런 늪은 형태가 없다/ 형태가 없는 건 無다/ 無는 또다시 하얀 순백이고/ 순백의 늪은 순수다/ 순수는 창작이고 숨이다/ 숨은 곧 생명이고 '自我' 다." (「늪은 숨이고 자아(自我)다」 전문)

늪에 기대서 형태가 없는 순수를 말하고 있는 시이다. 해서 이 시는 내게 도, 순수에 이르려는 홍 시인의 '시론시(詩論詩)'로 보였다. 도와 순수와 무와 자유라는 추상적 개념들을 속도감 있게 구체적으로 풀어가며 시에 수렴시키는 시론과 시창작론 시로 읽히기에 충분하다는 것이다.

시인은 "질퍽한 늪의 생존은 천국"이라고 단정하고 있다. 왜? "늪에 사는 모든 건/ 형태가 없" 고 "흐느적거리는 영혼은 Freedom! 자유" 이니. 언어나 지식이나 사상이나 종교 등 고등 인류의 정신적, 문화적 축적물인 제도로 재단되고 규정되지 않고 본능적, 원초적인 삶을 자유롭게 사니 천국이라는 것이다. 나아가 시인 자신도 "뼈가 없이 자라고/ 흐느적거린다" 며 늪의 일원, 천국의 족속임을 밝히고 있다.

시는 계속 숨 가쁘게 천국과 영혼의 자유의 정체를 밝혀나

가고 있다. '천국', '영혼', '자유', '무(無)', '순수' 라는 관념을 한 줄로 꿰면서 구체화시키고 있다. 그러면서 이 고단위 개념들을 "창작이고 숨" 이며 "생명이고 자아" 로 귀결시키고 있다.

그렇다. 홍 시인의 시는, 시 쓰기는 바로 본능과 자아에 씌워진 억압과 억제를 풀고 뼈 없고 형태 없이 자유로운 삼라만상 원래의 삶으로 돌아가는 것이다. 이것이 우주 순항원리인 도에 이르는 길이라며. 자아 자체, 물(物) 자체로 돌아가는 숨 가쁜 현상학적 환원이고 홍 시인의 시며 시 쓰기인 것이다.

"당신은 나의 빛입니다// 당신이 나의 道이고/ 당신은 나의 시작입니다/ 당신은 나의 사랑이고/ 당신은 나의 인생입니다/ 당신은 나의 행복이고/ 당신은 나의 아름다움입니다/ 당신은 나의 호흡이고/ 당신은 나의 산소입니다/ 당신은 나의 착한 남자이고/ 당신은 나의 청량한 물입니다/ 당신은 나의 숲이고/ 당신은 나의 물고기입니다/ 당신은 나의 소금이고/ 당신은 나의 내일입니다// 당신은 나의." (「당신은 나의」 전문)

숨 가쁘게 '당신'을 연호하며 당신의 정체를 말하고 있는 시이다. 그렇다면 모두 다 한없이 긍정적인 개념의 당신의 정체는 무엇일 것인가. 설명 필요 없이 시 문면에 그대로 드러나 있다. 도대체 상징이나 암시나 감춤 없이 맨얼굴을 그대로 드러내는 것이 시인의 시이기에.

당신은 '도'이다. 시인이 거기서부터 비롯되고 사랑과 행복과 아름다움을 향유할 수 있게 하는 당신은 시인의 도이며 인생 자체이고 그것이 시인의 시이고 시 쓰기인 것이다. 여기에 나열된 당신의 정체, 그 개념들은 물론 현상학적으로 환원된 것들이다. 골머리 아프게 하는 의미가 들어간 개념이 아니라 개념 없이 일반화된 개념어이다. 곧 '산은 산 물은 물' 같이 한 세상 치열하게 살아나고서 결국은 돌아온 본래의 언어, 순수한 것들을 제시하는 언어이다.

"아가야, 어느 별에서 오고 있니?/ 어느 별빛 보고 내려오고 있니?/ 할머니도 그 별에서 왔고/ 그 길로 내려왔단다// 아가야,/ 널 기다리는 데 반 세기가 넘었구나!/ 해맑은 웃음으로 오고 있을 너에게 할미는/ 어둔 길 등 밝혀들고 있단다// 오면, 너에게 고흐의 붓을 쥐어 줄 것이고/ 한 페이지 오선지 위 현을 타는 예술가로/ 꿈꾸게 하고 싶다 아가야,// 어서 오너라/ 벌새처럼 날아오너라." (「너를 기다리며」 전문)

앞으로 태어날 손주 아가에게 주는 편지투로 쓴 시이다. 그러면서도 그 '아가'는 결국은 순수를 향한 시인의 예술혼으로 드러나고 있는 시이다. 별에서 내려온 태초의 순수와 순정의 파노라마로서의 시혼에 대한 영원불변의 의지를 밝히고 있는 시이다.

그렇지 않던가. 시인도 아가도 벌새도, 또 우리도 저 별의 족속들 아니던가. 캄캄한 혼돈 속에서 형태도 없이 뭔지 모를 것들이 그리움이라는 인력(引力)으로 서로 끌어안다 마침내 한 점 빛으로 폭발해 팽창해가며 우주 삼라만상의 파노라마를 펼치고 있다는 게 우주 창생의 정설로 돼가고 있는 빅뱅이론 아닌가.

해서 우리도 저 빛과 별과 한 몸 같은 혈족인 것을. 홍순미 시인은 그런 태초의 우주적 삶을 구가하며 도의 시세계를 펼쳐가고 있는 것이다. 대폭발할 것 같은 열정, 순정의 에너지로 시를 본디 우리 생명의 양식으로 되돌리고 있는 것이다.

그런 시인의 이번 시집을, 어디로 튈지 모르는 탄력 있는 공 같은 시인의 시편들을 내 나름으로 몇 부류로 나눠 거칠게 읽어내려 봤다. 시인의 시에는 에너지가 넘쳐나고 있다.

시어나 시적 수사나 기법이 아니라 태초, 순수를 향한 이 순정의 에너지가 시적 질료, 마티에르가 되고 있는 시집이다. 언어와 시적 기율에서 풀려난 순수한 에너지로서의 순정을 말이 따라잡지 못할 정도로 숨가쁘게 돌진하며 태초며 순수시대 본디 우리네 삶의 양식이며 원리였던 도의 문을 열고 있는 시집이다. 부디 그런 세계로 순연히 들어가 평안하고 순진하게 노니는 시세계 더 가열차고, 정밀하게 보여 주시길 빈다.

홍순미 시집_ 붉은 립스틱

초판 인쇄 | 2015년 11월 25일
초판 발행 | 2015년 11월 30일

지 은 이 | 홍순미
발 행 인 | 문효치
편집국장 | 김밝은

펴낸곳 | 사단법인 한국문인협회 月刊文學 출판부
주소 | 서울시 양천구 목동서로 225 대한민국예술인센터 1017호
전화 | 02-744-8046~7
팩스 | 02-743-5174
이메일 | klwa95@hanmail.net
등록 | 2011년 3월 11일 제2011-000081호
ISBN 978-89-6138-317-2 03810

값 8,000원

잘못 만들어진 책은 바꾸어 드립니다.